FEDE RESILIENTE

L'importanza di credere
oggi più di ieri e domani più di oggi

GIUSEPPE LOMBARDO

Autore: Giuseppe Lombardo

Titolo: Fede resiliente

Servizi editoriali a cura di Evangelista Media & Consulting.

È possibile contattare l'autore scrivendo all'indirizzo email lombardogiuseppe0707@gmail.com

ISBN: 979-12-210-4632-8
ISBN Ebook: 979-12-210-4633-5

Prima edizione italiana, febbraio 2024.
1 2 3 4 5 / 28 27 26 25 24

Stampato nel febbraio 2024 da Logo Srl, via Marco Polo 8, Borgoricco (PD).

Dedica

Dedico questo libro a tutti i servi di Dio del passato che, per mezzo della loro fede, hanno compiuto cose straordinarie lasciando tracce indelebili nella storia del cristianesimo. Ma anche a tutti quegli uomini e a quelle donne che oggi, grazie alla loro determinazione nel credere, sono di ispirazione e permettono al Signore Onnipotente di operare meraviglie come ha sempre fatto nel corso del tempo. A voi aggiungo: grazie di cuore!

> *La fede si può perdere, non si può uccidere. Se la perdi "uccidi" te stesso, ma se la trattieni vivrai per sempre "con" e "per" essa.*
>
> —*Giuseppe Lombardo*

Recensione

Il soggetto della fede è un argomento di grande importanza in ambito spirituale, anzi oserei dire vitale. Attraverso questo libro, l'autore esprime in maniera scorrevole e convincente la necessità di ritornare alla semplicità del credere che sta alla base del fondamento cristiano, cioè, camminare per fede. La fede non è un argomento che riguarda soltanto le generazioni passate, ma anche la generazione presente; ogni persona ha bisogno di credere e di crescere nella fede. La fede è uno dei pilastri della dottrina cristiana, quindi fondamentale per poter sperimentare tutte le promesse che Dio ha dato ai Suoi figli attraverso il patto sigillato col sangue di Gesù Cristo. Infatti, la Bibbia dice che *"senza fede è impossibile piacere a Dio perché chi si accosta a Lui, deve credere che egli è, e che gli è il rimuneratore di quelli che lo cercano"* (Ebrei 11:6). Mi risuonano anche le parole che il Signore Gesù ha detto ai Suoi discepoli: *"Ma quando il Figlio dell'uomo verrà, troverà la fede sulla terra?"* (Luca 18:8).

Perciò ben venga che ci siano libri come questo che aiutano a crescere nella fede. Credo che leggere un libro sulla fede sia sempre stimolante e motivante al fine di conoscere Dio e poter camminare con Lui. Non ho dubbi al riguardo: attraverso la fede cammineremo nella vittoria, poiché "*tutto quello che è nato da Dio vince il mondo; questa è la vittoria che ha vinto il mondo: la nostra fede*" (1 Giovanni 5:4).

Heros Giovanni Ingargiola
Pastore senior
Parola della Grazia - Milano

Introduzione

L'argomento della fede non ha bisogno di presentazioni. Nel corso del tempo i migliori predicatori al mondo hanno scritto cose gloriose e potenti sulla fede, lasciandoci un'eredità spirituale inestimabile. Infatti, chi può fare a meno della fede? Chi può camminare seguendo Gesù senza almeno un po' di fede? Penso che nessuno possa farlo.

La fede è un requisito basilare per ogni figlio di Dio, un equipaggiamento necessario e obbligatorio, soprattutto nei tempi odierni. Sento una certa solennità nel ricordare la domanda di Gesù: *"Ma quando il Figlio dell'Uomo verrà, troverà la fede sulla terra?"* (Luca 18:8).

Questo ci fa riflettere sull'importanza della fede non solo nel passato o nel presente, ma anche nel futuro prossimo. I tempi moderni saranno caratterizzati da una pandemica apostasia che spingerà alcuni credenti fuori dal binario della fede. Dovremo porre particolare attenzione a questo deragliamento soprattutto perché si verificherà nel tempo della fine. E, non è forse la fine ciò che conta realmente? Il pronostico dovrebbe essere di iniziare bene, continuare altrettanto bene e finire addirittura meglio!

Il nostro sposo, Cristo Gesù, sta per tornare e si aspetta una sposa ricca di fede, forte e pronta ad accoglierlo con gioia e fermezza d'animo. Durante il periodo della deportazione babilonese, tre giovani ragazzi di nome Mesac, Shadrac e Abed-Nego non si piegarono alla volontà di un sovrano pagano, a costo della loro stessa vita. Nessuno dei tre giovani cedette ai ricatti imposti dallo spirito di questo mondo. La loro fede non era teorica, concettuale o metodica, ma viva, pratica e inamovibile. La storia ci insegna che solo una fede del genere attira l'intervento divino.

Se adotteremo questo atteggiamento, quel *quarto Uomo* che era presente con quei tre giovani sarà anche con noi in ogni situazione difficile e dolorosa che potremmo attraversare. L'unico modo per conservare la nostra salvezza è attraverso la fede. La fede è come un cannocchiale: sposta la nostra attenzione dalla circostanza a Dio! In questi tempi e in quelli a venire, ci saranno molte situazioni, sfide e dottrine che cercheranno di rubarci la primizia della nostra vita spirituale: la fede! Io le definisco *i ladri della fede*.

Mentre da un lato ci attiviamo per custodire la fede attraverso lo Spirito Santo, dall'altro la rinvigoriamo per usarla nell'opera che il Signore ci ha affidato. Possiamo ottenere la vittoria nella vita solo se la fede viene mostrata in ogni circostanza, anche quando le cose non si svolgono come ci aspetteremmo. Non dovremmo meravigliarci poiché il nostro compito è di credere, indipendentemente da tutto e da tutti. La nostra identità di figli di Dio ci deve spingere a parlare, agire e incoraggiare noi stessi e gli altri a vivere una vita spirituale vittoriosa che può essere realizzata solo attraverso la fede.

Ricorda, se tu vuoi, puoi. E se puoi credere, allora ti sia fatto secondo la tua volontà...

Indice

Prefazione

"Il giusto vivrà per fede" è un'espressione che troviamo quattro volte nella Bibbia (Habacuc 2:4, Romani 1:17, Ebrei 10:38, Galati 3:11).

Credo fermamente che, come cristiani, sia doveroso camminare per fede, così come vivere per essa. L'evangelo di Gesù Cristo inizia, prosegue e termina con la fede. La vita di Abramo, ad esempio, ci insegna i principi della fede. Uscì da Ur dei Caldei, ebbe Isacco, il figlio promesso, lo offrì e divenne padre di una moltitudine, e tutto per fede.

Mettiamola così: la fede non è un'emozione, piuttosto è emozionante! Vivere per fede significa avventurarsi nel parco avventura della vita, in mezzo a mille ostacoli, sapendo di avere l'attrezzatura necessaria—nonché un gruppo di persone equipaggiate accanto a noi e il Signore che dall'alto veglia, protegge e incoraggia a concludere il percorso conservando la fede.

Credere sprona la nostra esistenza a fidarsi di Dio. Ma bisogna stare attenti a non rendere ciò che è solido—la fede—qualcosa di molle o emozionale. Le emozioni sono altalenanti, la fede no! Essa è spirituale, solida e duratura. Certo, non abbiamo la pretesa di imparare in un istante il modo in cui si cammina per fede. Come in molte cose, si cresce, analogamente, nella fede avanziamo passo dopo passo e di livello in livello. D'altro canto, non potrebbe essere altrimenti dato che la fede ha a che fare con l'esperienza. Quindi facciamo esperienza di fede e ci convinciamo che vittoria dopo vittoria Dio ci sorprende, e la nostra fede di conseguenza aumenta. La fede che combatte ogni giorno, gareggia nelle sfide e vince sempre. È meraviglioso sapere che la Bibbia ci insegna che *"la vittoria che ha vinto il mondo è la nostra fede"* (1 Giovanni 5:4). È una verità sorprendente che ci motiva a credere, indipendentemente dalla realtà circostante. La fede, perciò, vincola la nostra vita alla Parola di Dio e le permette di materializzarsi in mezzo a noi. Rendere sicuro il nostro credere diventa una necessità imposta oggigiorno. Una cosa è certa e non ho dubbi al riguardo: dobbiamo con premura e senza indugio permettere al Signore, l'autore della nostra fede, di vivificarla, incrementarla e renderla perfetta fino alla Sua venuta.

Giuseppe Lombardo

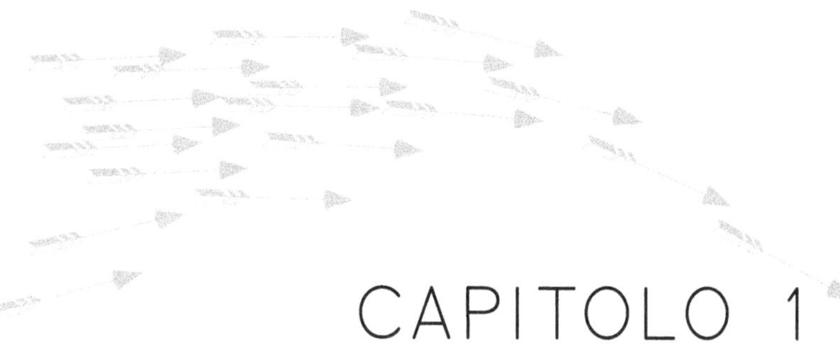

CAPITOLO 1

Fede, fiducia e fedeltà

La fede è credere che Dio può tutto laddove tutti non possono far nulla.

—Giuseppe Lombardo

Prima di tutto, rendo grazie al mio Dio per mezzo di Gesù Cristo per tutti voi, perché la vostra fede è pubblicata in tutto il mondo (Romani 1:8).

Se torno indietro nel tempo mi rendo conto che l'argomento fede non è qualcosa che ho padroneggiato come si potrebbe fare guidando una macchina, andare in bici o leggere un libro. Voglio essere sincero, crescere nella fede è e sarà una sfida continua. Sfida perché acquisire un certo tipo di fede non è scontato né naturale. Certo, ci sono persone che vantano nel loro DNA una certa dose di positività, che indubbiamente li aiuta a vivere con disinvoltura.

Ma quando si parla di fede, l'argomento si sposta dal fronte della positività a quello della stabilità. È d'obbligo una premessa: la fede non è pensiero positivo, la fede è certezza! Non commettiamo l'errore di confondere la positività con la fede; se mai possiamo considerare la positività come un risultato della fede.

È noto che le persone positive e ottimiste evitano ogni approccio catastrofista e negativo. Quando parliamo della fede, le cose diventano più serie, più incisive e allineate alla mentalità del regno di Dio. La fede non è un pensiero ottimista, né tantomeno speranza. La fede è certezza, ovvero credere in una parola che procede dalla bocca dell'invisibile Dio. Resto sempre affascinato dal modo in cui Gesù si avvicinò a Pietro per la prima volta. Più leggo questa storia e più mi rendo conto che la fede non è poi così difficile. A volte, basta soltanto provare...

> *E, quando ebbe finito di parlare, disse a Simone: "Prendi il largo, e calate le vostre reti per pescare"* (Luca 5:4).

Osserviamo la vicenda, Gesù stava parlando a una folla e Pietro e gli altri stavano vivendo una situazione frustrante a causa del loro fallimentare tentativo di pesca. Spesso la nostra vita è simile. Ci barcameniamo tra molte cose che consideriamo importanti senza ottenere ciò che desideriamo. Ci sforziamo e ci affatichiamo incessantemente, ma senza successo. Il problema risiede nel fatto che la nostra mente è impaziente e incapace di attendere le direttive di Dio.

Sappiamo dalla Scrittura che la fede proviene dall'ascolto della parola di Cristo (Romani 10:17), quindi finché non ascoltiamo, non possediamo la fede. Questo è il punto centrale: dobbiamo attendere una parola per poter poi crederci.

Se non abbiamo una parola da parte di Dio (comunemente chiamata *rhema*) non saremo in grado di usare la nostra fede. Anche se tutti noi abbiamo una certa misura di fede o fiducia per natura, affinché essa abbia efficacia, deve essere posta nella parola giusta. È come mettere la cartuccia nel fucile anziché nel forno a microonde! La fede funziona solo quando è basata sulla parola di Dio.

Perciò tutti abbiamo una misura di fede. Riflettiamoci... Non credi forse nelle abilità del tuo calciatore preferito? E nelle tue? Non credi che la tua auto possa portarti ovunque tu voglia? Non credi che le tue gambe sostengano il tuo corpo in modo naturale? Ci sono molti esempi che dimostrano come la fede sia un seme celeste piantato in un campo terreno: il cuore dell'uomo!

Voglio dimostrartelo con questo verso:

> *E Simone, rispondendo, gli disse: "Signore, ci siamo affaticati tutta la notte e non abbiamo preso nulla; però, alla tua parola, calerò la rete"* (Luca 5:5).

Ora, Pietro era già un discepolo forse? Un ministro? Aveva partecipato a qualche seminario sulla fede? Credo di no... Eppure, come è riuscito a credere alla parola che Gesù gli ha dato? In quel momento il Signore non aveva compiuto nessun miracolo, aveva semplicemente insegnato, quindi Pietro non aveva visto nessun prodigio particolare in grado di convincerlo. Questo significa che Pietro, un uomo dal carattere sanguigno, impulsivo ed estroverso, aveva, come tutti, una certa misura di fede. Dopotutto non può essere altrimenti, poiché per compiere le nostre attività quotidiane (come per Pietro pescare), abbiamo bisogno di credere in noi stessi!

La fede che già possediamo, anche se piccola, dovrebbe poggiare sulle capacità di Dio. Pietro è riuscito a credere in Gesù anche prima di essere convertito. Come possiamo giustificare noi stessi se, dopo tanti anni di cammino cristiano, dovessimo avere meno fede di un uomo non ancora convertito? Evidentemente c'è qualcosa che sfugge alla nostra attenzione...

Ho dato un acronimo alla parola F.E.D.E.

Fiducia Estrema in un Dio Eterno.

La tua fede deve essere tesa come un arco, nel modo più intenso possibile! Essa si riversa completamente su Dio e sulla potenza della Sua Parola, credendo che ciò che Egli ha detto è già stato fatto. La fede prende sul serio la Parola di Dio. Infatti:

1. La riceve
2. La crede

3. La medita
4. La proclama
5. La realizza

Non è poi così difficile, se pensiamo a tutte le altre cose che siamo in grado di fare. La fede crede quindi in ciò che si vede con gli occhi della certezza. Penso che Pietro, dopo aver udito la Parola del Signore, sia riuscito a vedere nel suo cuore il lago di Galilea pieno di pesci. Gesù non gli aveva fornito dettagli, ma semplicemente gli aveva chiesto di spostarsi a largo e calare le reti. È così che funziona la fede: Dio ci chiede di fare un passo... tutto qua.

Il resto sarà fatto da Lui. La fede inizia con un semplice atto e alla fine sarà la fedeltà di Dio a operare al nostro posto. Fa' il primo passo e Dio riempirà la tua rete! Per questa ragione Gesù disse a qualcuno: *"Non temere, credi solamente!"* (Marco 5:36).

In altre parole, cammina, spostati, e mentre lo fai credi senza esitare...

La fede deve essere attivata attraverso l'uso della tua parola. Mettiamola così, hai la dinamite (la fede) ma per farla esplodere bisogna accenderla (cioè dichiararla a voce). Fu questo ciò che fece Pietro; egli infatti disse: "Alla tua parola calerò le reti".

È importante notare che Gesù si rivolse a Pietro e non all'equipaggio. Ciò significa che quando Dio chiama qualcuno, il primo invito che gli fa è di credere nella Sua Parola. Dio parla, tu credi, Egli agisce. Questa è la ricetta del successo... Semplice?

La fede scopre il nostro cuore per far emergere una parola in accordo con la Parola di Dio. Non si tratta di parlare *di* Dio, ma di parlare *a* Dio del problema! Non si tratta di quante nozioni teologiche conosciamo, ma di quanta possibilità concediamo a Dio nella nostra vita. La fede infonde il coraggio per abbandonarci nelle braccia del Padre, sprigionando una fiducia incondizionata e impavida che mette paura alla paura stessa. La Scrittura afferma che i demoni tremano! Anche noi dovremmo tremare se i nostri cuori lasciano spazio al dubbio. Questo è l'arma che il diavolo agita contro di noi per far vacillare la nostra fede. Adamo ed Eva fecero quello è noto a tutti perché diedero ascolto al dubbio. Credere nel dubbio è più facile che respingerlo. Adamo sbagliò perché ascoltò Eva, che in quel momento era vittima dell'astuzia del serpente, il quale seminò il dubbio e mise in crisi la loro identità. Eppure sapevano di essere stati creati a immagine e somiglianza di Dio! Purtroppo la caduta di Adamo ha reso la natura umana incline a credere nel dubbio piuttosto che ad avere fede.

Se la nostra mente non viene rinnovata, il dubbio diventerà l'albero più imponente piantato nel giardino del nostro cuore. Il dubbio si nutre di menzogne e di domande ambigue. Se qualcuno ci mente, inevitabilmente sorge il dubbio. Se qualcun altro ci pone domande ambigue, il dubbio si insinua nella nostra mente mentre cerchiamo di trovare una risposta. Il dubbio lacera la fede, frammentandola con le sue osservazioni.

Mi viene in mente la veste di Gesù, che alla Sua morte i soldati romani divisero in quattro parti. Il dubbio cerca di strappare la verità che indossi e cerca di frammentarla in quattro asserzioni:

1. Sarà vero?
2. Se è vero, allora...
3. Forse non è vero...
4. Forse sì, forse no...

Sono queste le quattro asserzioni che il dubbio cerca di utilizzare per mettere in discussione la verità che indossi. Le considerazioni di questo tipo risuonano costantemente nella nostra vita. Voglio condividere una verità: il dubbio rappresenta la voce del serpente che si trovava nel giardino di Eden, ma che da allora gira tra i giardini della mente umana. Il dubbio è come la confusione di Babilonia che confonde le idee. Al contrario, la fede è la voce dello Spirito Santo che mette a tacere il dubbio! Credere in Dio porta a riflettere su di Lui, ad avere fiducia in Lui e nelle Sue capacità. Davide non sconfisse Golia per la propria abilità, ma perché conosceva bene chi fosse Dio. *"L'Eterno che mi liberò dalla zampa del leone e dalla zampa dell'orso, mi libererà anche dalla mano di questo Filisteo"* (1 Samuele 17:37).

Una caratteristica fondamentale della fede è che opera tenendo conto delle esperienze del passato. Riflettendo su quanto accaduto, il giovane Davide acquisì forza e convinzione che la battaglia contro Golia sarebbe stata simile a quella contro il leone e l'orso. Nella sua mente pensava: se Dio è stato con me una, due volte, lo sarà anche una terza.

Le vittorie del passato servono per incrementare la fede nel presente, in vista di ottenere la vittoria nel futuro. La fede si rinnova, cresce e diventa più solida. Battaglia dopo battaglia, sfida dopo sfida, la nostra fede si allena e si rafforza. Essere un soldato non significa solo frequentare la chiesa, ma essere in guerra! Puoi andare in chiesa anche senza fede, ma in battaglia senza fede è morte certa!

Credere diventa indispensabile perché determina il nostro destino eterno. Sottovalutare la nostra fede non è saggio. Alla fine la scelta si riduce a due considerazioni: si crede in Dio oppure in qualcos'altro. Non c'è nessuna via di mezzo che possa mediare tra le due opzioni. La fede di oggi ci permette di sapere dove vivremo domani. I tempi che stiamo vivendo sono caratterizzati dalla presenza dell'apostasia (rinuncia volontaria alla propria fede) e le ragioni possono essere molteplici. Credo che oltre ogni considerazione, ci confrontiamo tutti con questa domanda che Gesù ha posto: "*...Ma quando il Figlio dell'uomo verrà, troverà la fede sulla terra?*" (Luca 18:8).

Ti stai chiedendo se si può perdere la fede? Certamente! Niente è scontato in questo mondo. Tutti siamo fallibili e tutti possiamo evitare di fallire nel rinnegare la fede. L'apostolo Pietro conosceva molto bene questa situazione. Per qualche ora negò di conoscere il suo Maestro, rinnegando la sua esperienza di vita con Lui.

Esistono due tipi di fede:

1. La fede che salva
2. La fede che opera

La prima è quella che ci permette di confessare Gesù come salvatore della nostra anima. Questa è la fede necessaria, irrinunciabile e che Lui si aspetta di trovare al Suo ritorno. La fede che salva ci ha già portati in cielo, alla presenza di Dio. La fede che opera è quella che porta il cielo qui. Questa fede crede che Dio può fare ogni cosa in qualsiasi momento. Se la prima ci permette di testimoniare di Lui, la seconda ci consente di rappresentarlo. Questa è la fede di coloro che operano con Lui, accordandosi con la Sua Parola. La fede è un mezzo di trasporto: ci porta in cielo e porta il cielo a noi! Non c'è vantaggio più grande per l'uomo che usare bene la propria fede.

Mettendo la nostra fiducia in Dio si producono miracoli; mettendola in qualcos'altro si finisce per essere ingannati. Perciò questo non è il momento di lasciare andare le funi della propria spiritualità, abbandonando la fede. Al contrario, questo è il momento di prendere lo scudo della fede, impugnarlo e tenerlo stretto per non lasciare che il nostro nemico incendi la nostra anima con i suoi dardi velenosi. Viviamo tempi particolari, difficili e ancorarsi alla Roccia per mezzo della fede sarà la mossa vincente. Se la tua fede sta subendo qualche frattura di troppo, ti prego, fermati e prega con me:

> "Padre, nel nome di Gesù, vengo a te in questo momento. So che mi ami e che hai cose buone da darmi. Perdonami se ho dubitato del tuo amore. In questo momento mi rialzo e, attraverso la fede che tu stesso mi hai donato, rinnovo la mia fiducia in Te. Grazie Signore perché torno a fidarmi di te e a credere nella tua meravigliosa bontà".

Fiducia

Fede e fiducia, strettamente collegate tra loro, sono due facce della stessa medaglia. La fede crede oggi; la fiducia continua a credere domani e anche oltre. La fede è istantanea. La fiducia si sviluppa nel tempo. La parola ebraica per fiducia è *mibṭâch* che significa rifugio e sicurezza. Avere la fiducia in Dio ci permette di sentirci al sicuro anche quando attorno a noi c'è il caos. Questo sarebbe dovuto essere l'atteggiamento dei dodici discepoli mentre attraversavano la tempesta, ovvero fidarsi del Maestro. Tuttavia essi non ebbero fede né fiducia. Infatti, dopo che Gesù sgridò il vento e disse al mare di tacere e calmarsi, i discepoli si chiesero: *"Chi è mai costui, che comanda anche al vento e all'acqua, e gli ubbidiscono?"* (Luca 8:25).

I discepoli avevano davvero capito con chi erano? Il loro stupore era forse fede o fiducia? Probabilmente anch'io avrei reagito in modo simile, ma di sicuro in quell'occasione i discepoli non dimostrarono alcuna traccia di fede. La fiducia è estremamente importante per mantenere un atteggiamento positivo nelle situazioni inaspettate e senza risposta. In questi casi, la sola fede non è sufficiente.

Ti è mai capitato di non ricevere ciò che ti aspettavi? Immagino di sì. Puoi stare certo che sul tuo cammino incontrerai qualcuno chiamato *scoraggiamento*. Infatti quando le attese sono disilluse, la delusione e lo scoraggiamento sbocciano come fiori in primavera. Il diavolo cercherà di inquinare la tua mente facendoti pensare che Dio benedice tutti, tranne te. Il punto non è se qualcun altro viene benedetto, anzi questo dovrebbe essere un motivo di gioia. Il punto è che, nonostante la nostra fede e l'attesa, non siamo stati benedetti. Qual è la ricetta da seguire in questi casi? Ce n'è solo una: la fiducia! Ciò implica continuare a credere nonostante la situazione si ostini a non cambiare. È una prova di resistenza. Mettiamola così: la fede è sinonimo di forza, mentre la fiducia è sinonimo di resistenza. La forza ci permette di sollevare un peso per un breve periodo, la resistenza invece permette di continuare a sollevare lo stesso peso per un tempo relativamente più lungo. Avere fede è indispensabile, ma avere fiducia lo è altrettanto.

Se la fede permette di ricevere il miracolo nell'immediato, la fiducia permette di avere la sicurezza che il miracolo arriverà. La fede crede mentre la fiducia vede.

Facciamo un altro esempio. Immagina di imbarcarti con un equipaggio verso un luogo che sai che esiste, ma in cui non sei mai stato. Potremmo paragonarlo al viaggio di un moderno Cristoforo Colombo.

Parti con fede, entusiasmo e con la certezza che arriverai a destinazione. Navighi per più di un mese e davanti a te c'è una vasta distesa d'acqua e nient'altro. A questo punto lo scoraggiamento inizia a farsi sentire insieme alla preoccupazione e al mormorio di coloro che ti circondano. Tutti hanno perso la fede, ma tu continui a vedere quella costa attraverso la fiducia. Forse anche tu, nel tuo cuore, hai perso la fede iniziale, ma ciò che manterrà viva la tua speranza è la fiducia. Alla fine eccola lì: la costa! Ciò che gli altri non riuscivano a vedere tu l'avevi già visto e sorridi di gioia.

Ricordi la storia di Iairo? Era un capo della sinagoga che, preso dalla disperazione, si rivolse a Gesù perché andasse a casa sua per guarire sua figlia.

> *"Ed ecco venire un uomo di nome Iairo, che era capo della sinagoga; gettatosi ai piedi di Gesù, lo pregava di andare a casa sua, perché egli aveva una figlia unica di circa dodici anni, che stava per morire"* (Luca 8:41-42).

La domanda è: quest'uomo aveva fede? Certamente sì, altrimenti non si sarebbe presentato da Gesù.

La sua fede lo portò in ginocchio. Infatti il significato implicito di credere è piegarsi al potere di Dio. Chiunque crede si arrende. Si arrende alle possibilità di Dio, al Suo potere e alla Sua capacità illimitata. Iairo non era un discepolo dichiarato, uno di quelli che seguivano Gesù. Tuttavia il modo con cui si avvicinò al Signore ci fa comprendere quanto credesse che se Gesù avesse toccato sua figlia, lei sarebbe guarita. Iairo era un religioso, era capo della sinagoga, non un uomo qualsiasi. Non era così facile per un uomo stimato e riconosciuto come autorità locale gettarsi a terra di fronte a Gesù, in mezzo alla folla. Ma la fede spinge ad agire in questo modo!

Avere fede significa superare i limiti, il razionale o ciò che è *religiosamente corretto*. La fede spinge la religiosità per andare oltre, verso la vera cristianità. Credere richiede di andare controcorrente. Chi crede abbatte il pensiero comune e supera la vergogna. Chi crede si tuffa nel miracolo come un nuotatore in piscina! La fede rischia, gioca d'azzardo e scommette tutto ciò che ha sulla ruota della vittoria. Per alcuni assumere un atteggiamento di fede potrebbe sembrare presuntuoso. Ma la fede non è presunzione, la fede è certezza! La differenza tra presunzione e certezza è che la prima parla senza conoscere, mentre la seconda sa, perciò parla.

La fede conosce il pensiero di Dio e la Sua volontà, che esprime con determinazione. La presunzione, al contrario, parla a vuoto, senza conoscenza, perché manca di una relazione e, di conseguenza, di una rivelazione.

Tornando all'episodio di Iario, improvvisamente le condizioni della bambina peggiorarono.

> *Mentre egli parlava ancora, venne uno dalla casa del capo della sinagoga, e gli disse: "La tua figlia è morta, non disturbare il maestro"* (Luca 8:49).

Ecco il colpo finale! La tua fede ti ha portato da Gesù. Ti ha fatto inginocchiare in mezzo alla folla e Lui è venuto da te. Nel frattempo hai anche assistito a un miracolo e all'improvviso tutto crolla.

Sembra un'esperienza comune a molti; a questo punto della storia la cosa più logica da dire sarebbe: "Ho fatto del mio meglio! Ho creduto. Mi sono umiliato". Però l'ultima parola aspetta al Signore.

Infatti Gesù disse a Iario: *"Non temere; credi solamente ed ella sarà guarita"* (Luca 8:50).

Come sempre, il Signore stupisce. Meraviglioso! E qui dà due importanti istruzioni:

1. Non temere

Non avere paura di ciò che ascolti. Le notizie negative sono siluri per la nostra fede, la colpiscono per farla affondare.

Se all'inferno ci fosse un notiziario, sarebbe pieno di notizie negative che diffondono paura e scoraggiamento.

Solo chi crede in Dio può impensierire l'inferno. La fede è una minaccia seria per le strategie nemiche. Se la paura lega la persona al palo del fallimento e del disfattismo, la fede è come un eroe che libera il prigioniero dalla morte certa.

Non temere non è una frase di circostanza, né un'espressione da dire per cercare di scongiurare il peggio; è il mezzo attraverso il quale Dio ci tiene connessi a Lui e al Suo potere. Per Gesù significa mantenere la calma, avere fiducia e perseverare nel combattimento.

2. Credi solamente

Se davanti alla peggiore notizia Gesù dice "*Credi solamente*", significa che sta cercando di consolidare la fiducia. Nei casi più estremi, quando persino la fede comincia a vacillare, la fiducia diventa l'unica speranza. Quest'uomo, Iario, aveva già creduto e visto un miracolo in diretta. Al suo posto la mia fede si sarebbe rafforzata. Quando improvvisamente giunse la notizia funesta, Gesù intervenne portandolo nella dimensione della fiducia.

Questa fiducia fu la stessa che operò una liberazione straordinaria al profeta Daniele. Mentre stava per essere ingiustamente gettato in una fossa dove lo attendevano dei leoni affamati, il suo amico, il re Dario gli disse: "*Il tuo Dio, che tu servi del continuo, sarà egli stesso a liberarti*" (Daniele 6:16).

Quando il secondo giorno, al mattino presto, il re si recò alla fossa vide Daniele vivo e incolume, allora provò una grande gioia. Il racconto biblico procede così:

> *"Daniele fu tirato fuori dalla fossa e non si trovò su di lui alcuna lesione, perché aveva confidato nel suo Dio..."* (Daniele 6:23).

Totalmente intatto! Il motivo? Aveva confidato nel Suo Dio.

Daniele dormì in mezzo a un branco di leoni, perché ebbe fiducia nel suo Dio. La fede lo spinse a non piegarsi al decreto del re; la fiducia lo spronò a continuare a credere che Dio lo avrebbe liberato dalle fauci dei leoni. Questa liberazione promosse la grandezza di Dio all'interno dell'impero medio-persiano. Ricorda, la fiducia in Dio non solo Gli permette di operare per tuo conto ma anche di aumentare la Sua fama e il Suo prestigio. Dio non deve dimostrare a se stesso che è Dio, ma agli increduli. Come lo fa? Attraverso la tua e la mia fiducia in Lui...

Fedeltà

> *"Confida nell'Eterno e fa' il bene, abita il paese e coltiva la fedeltà. Prendi il tuo diletto nell'Eterno, ed egli ti darà i desideri del tuo cuore. Rimetti la tua sorte nell'Eterno, confida in lui, ed egli opererà"* (Salmo 37:3-5).

Chi non ha mai letto e apprezzato questa parte della Scrittura, dove la potenza della bontà di Dio si sprigiona senza misura? Fede, fiducia e fedeltà sono tre sorelle dal legame indivisibile e qui emergono contemporaneamente. Credi in Lui poiché sai che opererà e ti fidi di Lui perché sai che è fedele. Con la fedeltà il cerchio si chiude. La fede permette di ricevere oggi, la fiducia di continuare a credere che riceverai (se oggi non hai ricevuto), e la fedeltà assicura che, al tempo stabilito da Dio, la Sua Parola avrà compimento. L'espressione *abita il paese e coltiva la fedeltà* richiama alla mente la storia del patriarca Abrahamo. Dopo essere uscito per comando divino dalla sua terra natia, Ur dei Caldei, si diresse verso Canaan, che sarebbe diventata la sua dimora fino alla morte. Abrahamo, insieme alla moglie Sara, visse nel Paese coltivando il frutto preferito da Dio: la fedeltà!

Essere fedele è una virtù, quando lo si è verso Dio diventa un elemento fondamentale capace di attirare la Sua di fedeltà. Il termine ebraico usato qui per *coltivare* è la parola *râ'âh*, che significa pascolare, nutrire. Nutrirsi di fedeltà diventa importante se si vuole realizzare ciò per cui si sta credendo. Avere fiducia in Dio e non essergli fedele indebolisce il trinomio di fede, fiducia e fedeltà. Dio ci chiede di confidare, fare il bene e alimentarci di fedeltà. La fedeltà allinea le azioni alle parole, al contrario della fiducia che cerca di concordare le parole alle azioni. Non esiste miglior modo di aspettare Dio se non quello di restare fedeli a Lui.

Abrahamo e Sara fecero qualche passo falso, smisero di credere in Dio riguardo alla Sua promessa di un figlio e cercarono mezzi umani per ottenerlo. La loro fiducia fu scossa dall'impazienza, e anziché coltivare la fedeltà seminarono incredulità. Se non si rimane fedeli nel credere, presto o tardi si diventerà increduli.

Grazie a Dio perché non sono i nostri errori che ci etichettano davanti a Lui. Dio è fedele anche quando noi non lo siamo. Il Suo modo di essere fedele diventa un modello per noi e ci sprona al cambiamento. Abrahamo viene descritto come un uomo fedele e amico di Dio. Questo significa che la sua predisposizione alla fede e alla fedeltà continuò a crescere. Fu un uomo in salita il cui esempio insegna a fare meglio mentre diventiamo persone migliori.

Un altro personaggio biblico, la cui fedeltà è ammirabile, è Caleb. Anche lui non si piegò all'opinione della massa pur di difendere il pensiero di Dio. Leggiamo insieme le sue parole.

Allora i figli di Giuda si presentarono a Giosuè a Ghilgal; e Caleb, figlio di Jefunneh, il Kenizeo, gli disse: "Tu sai ciò che l'Eterno disse a Mosè, uomo di DIO, riguardo a me e a te a Kadesh-Barnea. Io avevo quarant'anni quando Mosè, servo dell'Eterno, mi mandò da Kadesh-Barnea ad esplorare il paese; e io gli feci un resoconto come l'avevo in cuore. Mentre i miei fratelli che erano saliti con me scoraggiarono il popolo, io seguii pienamente l'Eterno, il mio DIO. In quel giorno Mosè fece questo giuramento:

"La terra che il tuo piede ha calcato sarà eredità tua e dei tuoi figli per sempre, perché hai pienamente seguito l'Eterno, il mio DIO" (Giosuè 14:6-9).

Trascorsero quarantacinque anni e Caleb rimase fedele a ciò che Dio gli disse per mezzo di Mosè. Fu un uomo di fede, confidò in Dio e rimase fedele fino a quando la Parola non si compì. Caleb realizzò il proposito di Dio per la sua vita. Nutrì se stesso di fedeltà nonostante l'infedeltà della sua generazione. La fedeltà opera soprattutto quando gli altri indietreggiano e tu rimani fermo. I *fedeli* non sono coloro che appartengono a una particolare denominazione; i fedeli sono coloro che si ancorano ai principi biblici senza lasciarli andare. Caleb aspettò con fedeltà la realizzazione della promessa di Dio, nonostante il resoconto negativo dei suoi connazionali. Lo fece successivamente nel deserto, per quarant'anni, mentre le stesse persone continuavano a lamentarsi. Infine rimase inamovibile davanti a Gerico e ai giganti. In altre parole, Caleb seguì pienamente il Signore fino alla conquista della sua terra promessa: Hebron!

Hebron rappresenta ciò che Dio ti ha detto in privato e confermato in pubblico. Hebron è la tua conquista, la tua dimora, il tuo presente e il tuo futuro; è la tragedia del passato che diventa la commedia del presente. Hebron è il tuo destino, lo scopo per cui è valsa la pena lottare.

Coltivare la fedeltà significa immergersi in un mare di attesa positiva. La fedeltà è come un cane che non molla l'osso: lo tiene stretto perché è suo! Ti costringe a perseverare, a resistere e a non arrenderti.

Mentre i tempi si stanno abbreviando, noi allunghiamo le nostre mani protendendole verso Dio. Attraverso la fede crediamo, attraverso la fiducia resistiamo e attraverso la fedeltà realizziamo. Gesù fu un uomo di fede. Ispirò fiducia e compì il Suo mandato con fedeltà. Questo è il tempo in cui dobbiamo difendere il nostro campo, la fede. Il diavolo è furioso come non mai e gira intorno a noi come un leone ruggente cercando di divorare sogni, speranze, promesse e vita. Ma la Parola di Dio ci comanda: *"Resistetegli, stando fermi nella fede, sapendo che le stesse sofferenze si compiono nella vostra fratellanza sparsa per il mondo* (1 Pietro 5:9).

CAPITOLO 2

Fede difensiva

La fede crede ciò che riesce a vedere oltre il visibile, se così non fosse si chiamerebbe constatazione.

—Giuseppe Lombardo

E il giusto vivrà per fede; ma se si tira indietro l'anima mia non lo gradisce (Ebrei 10:38).

Il filosofo tedesco Friedrich Nietzsche diceva: "Ciò che non ti uccide ti fortifica". Mi viene in mente l'azione del vento, che pur soffiando con impeto su una pianta difficilmente la sradica dal suolo. I rami si possono rompere, il frutto cadere e le foglie disperdere, però le radici la ancorano al terreno e le impediscono di essere sradicata. Così è la fede: una radice profonda non facile da rimuovere dal terreno del cuore.

Un'altra analogia la colgo nel pugilato. Penso alla saga cinematografica di Rocky Balboa, interpretata dal famoso attore Silvester Stallone. Faticavo a capire come riuscisse a vincere nonostante tutti i colpi subiti. Era un pugile incassatore, difensivo, in grado di durare fino alla quindicesima ripresa, cadendo al tappeto qualche volta, ma nello stesso tempo capace di rialzarsi, raccogliere le ultime energie per l'attacco finale e vincere.

Come Rocky, anche noi qualche volta possiamo cadere al tappeto, soprattutto quando gli attacchi della vita e del nemico della nostra anima sono violenti e improvvisi; però come Rocky possiamo rialzarci, riprendere forza e difendere il titolo. Qui entra in azione un tipo di fede che io definisco *difensiva*, una fede che difende la nostra posizione in Cristo.

L'apostolo Paolo parlando dell'armatura di Dio ci insegna a indossarla *per poter rimanere ritti e saldi contro le insidie del diavolo* (Efesini 6:11). Un argomento molto importante quello della battaglia spirituale poiché fa entrare in campo la nostra fede. Ciò che il diavolo intende fare contro di noi è disarmarci, nel caso avessimo indossato l'armatura; se poi siamo così disavveduti da lasciarla nel dimenticatoio, beh... allora non ci resta che subire passivamente i duri colpi inflitti da questo essere malvagio. L'apostolo ci esorta così:

> *Perciò prendete l'intera armatura di Dio, affinché possiate resistere nel giorno malvagio e restare ritti in piedi dopo aver compiuto ogni cosa* (Efesini 6:13).

L'apostolo Paolo mette in risalto il motivo per cui indossare l'intera armatura di Dio, che non è certamente apparire più spirituali, piuttosto per:

1. rimanere ritti
2. resistere

Dalle parole dell'apostolo non sembrerebbe che il credente debba per forza lanciarsi contro le potenze nemiche, mentre combatte spiritualmente; anzi, viene detto di restare sulla difensiva, il che non indica abbassare la guardia o essere passivi. *Difendere* significa saper lottare, mantenere una posizione, evitare di indietreggiare. Significa far fronte agli attacchi del nemico respingendoli e, in questi casi, senza attaccare. Ho notato che molti, per uno scarso discernimento spirituale, affrontano il giorno malvagio urlando contro il nemico. Questo è parte del combattimento spirituale, però credo nell'importanza di capire il momento in cui attaccare e quello in cui difendere.

Cerchiamo di approfondire un po' il concetto. L'apostolo Pietro nella sua prima epistola scrive: *Siate sobri, vegliate, perché il vostro avversario, il diavolo, va attorno come un leone ruggente cercando chi possa divorare. Resistetegli, stando fermi nella fede, sapendo che le stesse sofferenze si compiono nella vostra fratellanza sparsa per il mondo* (1 Pietro 5:8-9).

Non so tu, ma io in queste parole vedo un nemico che corre su e giù all'impazzata in cerca della preda, il credente, per cercare di divorarla. In altre parole, attacca! Qual è il consiglio dell'apostolo? Resistergli! In che modo? Stando fermi nella fede...

Senza dubbio, nel combattimento spirituale, ci sono momenti in cui è necessario attaccare (affronteremo l'argomento nel prossimo capitolo), e in altri in cui bisogna difendersi rimanendo cementati sulla fede. Nel contesto del verso appena letto, l'apostolo Pietro parla delle sofferenze che riguardano i credenti sparsi per il mondo e la fede in Cristo Gesù attrae le attenzioni del nemico.

La tua devozione, la tua ubbidienza e il tuo *fastidioso talento* irriterà il diavolo che senza scrupoli farà di tutto per debilitarti; anche se sappiamo che si spaccia per un leone (che non sarà mai, perché il Signore Gesù è il Leone della tribù di Giuda), rimane comunque un dragone con una bocca lancia fiamme.

Infatti, la Scrittura ci esorta *soprattutto a prendere lo scudo della fede, con il quale potete spegnere tutti i dardi infuocati del maligno* (Efesini 6:16).

Paolo, prendendo come riferimento il soldato romano, usò il termine *thyreós* per indicare un grande scudo quadrangolare. Questa parola nel suo significato etimologico allude a una porta, quindi lo scudo era grande e proteggeva il corpo del soldato. La fede è uno scudo imponente capace di schermare tutto il nostro essere e spegnere i dardi infuocati del maligno.

I dardi, *belos*, erano delle frecce, dei giavellotti, delle lance incendiate che erano lanciate per uccidere il soldato. Il diavolo ha con sé svariati dardi infuocati che violentemente scaglia contro i figli di Dio. Ne indico tre molto distruttivi:

- rassegnazione
- preoccupazione
- scoraggiamento

Paolo ci esorta a prendere lo scudo della fede per metterci in guardia da ciò che mortifica la fede. La *rassegnazione* impedisce di sollevarci dalla nostra condizione e di credere che Dio vuole farci entrare nella *terra promessa*. Dieci spie su dodici si rassegnarono davanti ai giganti prima ancora di affrontarli. Questi uomini avevano assistito alla manifestazione delle dieci piaghe in Egitto e al mare aprirsi davanti ai loro occhi; eppure si rassegnarono all'idea di combattere contro i giganti, che per Dio erano piccoli come cavallette. Il nemico nella sua arroganza ti considera minuscolo, in verità è lui che è una cavalletta per Dio. In altre parole, il tuo gigante è un nano per il Signore. Nulla di più! Come hanno potuto quelle spie dubitare della potenza di Dio dopo averla vista? Neanche Tommaso sarebbe rimasto incredulo dopo tanta evidenza...

La rassegnazione conferisce al nemico un posto nel cuore. È un dardo terribile che può paralizzare la nostra conquista. Ne fu vittima Giovanni Battista quando in prigione, in preda al dubbio, inviò due discepoli da Gesù per chiedergli:

"Sei tu colui che deve venire, oppure dobbiamo aspettarne un altro?" (Matteo 11:3).

Il profeta temeva di aver sbagliato indicando pubblicamente Gesù come il Messia. Spesso il diavolo per farci rassegnare ci isola. Quando crediamo che nessuno sia dalla nostra parte, allora ha già vinto. La rassegnazione è l'atto di concedere la vittoria senza lottare. Quando ti rassegni hai perso nel cuore e nella mente, viene meno il motivo per cui continui a lottare, anche se Dio è dalla tua parte. È un attacco micidiale che può essere contrastato solo impugnando lo scudo della fede. Frasi del tipo *non ce la farai, è inutile, non hai speranza*, sono frecce infiammate di negatività che inceneriscono ogni aspettativa. Se il diavolo, benché conosca già la sua tragica fine, non si rassegna all'idea che può farcela, tanto più noi che abbiamo vinto in Cristo Gesù, dobbiamo rifiutare il pensiero della rassegnazione e credere che *"posso ogni cosa in Cristo che mi fortifica"* (Filippesi 4:13).

Anche la *preoccupazione* è un dardo temibile. Viviamo nell'era dell'ansia. Ansia di vivere, di trovare lavoro, di sposarsi, di riuscire...

C'è una preoccupazione pandemica che avvolge l'umanità occidentale, data dal fatto che l'incertezza e l'insicurezza aumentano a dismisura. I conflitti generano ansia, come la ricerca dell'auto-affermazione e del riconoscimento. Apparire genera ansia, così come riuscire a restare sulla cresta dell'onda. La cura della nostra immagine genera ansia.

Siamo circondati da una mentalità che ha posto l'uomo al centro dell'attenzione, per cui chi non rimane all'interno di questo cerchio sarà escluso, mentre per coloro che ne fanno parte è una competizione continua che porta ansia.

L'egoismo ne è la causa scatenante. L'assenza della condivisione ha creato una società progressista, malata di amor proprio. La preoccupazione è una freccia avvelenata che si scaglia contro la mente. Quando Gesù disse: "*Non siate dunque in ansietà, dicendo: Che mangeremo, o che berremo, o di che ci vestiremo?*" (Matteo 6:31), si stava rivolgendo alle menti di coloro che ascoltavano e anche alle nostre. Le cose che riguardano questa vita ci preoccupano come se la vita fosse solo questa. In altre parole, il diavolo tortura le menti con la preoccupazione facendoci dimenticare la nostra destinazione: il cielo!

Perché Gesù non era preoccupato? Perché riusciva a vivere costantemente in pace? Forse perché la Sua mente era occupata da altro?

La preoccupazione è un'occupazione abusiva. È come parcheggiare nel posteggio riservato ai disabili. Anche se è libero in quel momento, si occupa un posto che spetta di diritto solo alla categoria interessata. Il diavolo con la preoccupazione posteggia nella nostra mente abusivamente proprio perché in quel momento è libera. Gira attorno alla nostra vita e quando trova un'area libera immediatamente cerca di occuparla, anche se legalmente non le appartiene. Inoltre la preoccupazione dà alla mente un'occupazione.

Non esiste una mente disoccupata, o lavora per il Signore oppure per il mondo. È una gestione non facile, lo so; quello che mi sento di dire in questi casi è far intervenire un agente di polizia, lo Spirito Santo, che si avvicina per sanzionarla con la Parola. Bisogna multare ogni tentativo di preoccupazione che il diavolo cerca di far sostare nella nostra mente. Lo scudo della fede serve proprio per schermare ogni manovra di farci affondare nella preoccupazione.

Gesù è la Parola, aveva la fede di Dio, quindi la preoccupazione non trovava spazio in Lui. Persino nel Getsemani non fu preoccupato. Certo era provato all'inverosimile, ma mai privato della Sua fede. Se poté dire *non la mia volontà, ma la tua* significa che la sollecitudine più grande che visse non scalfì minimamente la Sua fede. Allora, bisogna preoccuparsi oppure no? Voglio essere onesto: preoccuparsi è inevitabile, però si può evitare di naufragare nella preoccupazione.

Marta e Maria erano due sorelle che amavano il Signore. L'una era preoccupata, mentre l'altra riposava. Marta era indaffarata ed era concentrata sul fare; Maria invece desiderava essere. Il fare porta sempre preoccupazione, genera ansia da prestazione e bisogno di accettazione. Marta si preoccupava di fare bella figura davanti al Maestro. Maria, al contrario, si rilassava contemplando la figura del Maestro. Gesù le disse: "*Marta, Marta, tu ti preoccupi e ti inquieti per molte cose; ma una sola cosa è necessaria, e Maria ha scelto la parte migliore, che non le sarà tolta*" (Luca 10:41-42).

La preoccupazione si ciba di molte cose. Marta pensava a tutto. La sua mente era come un porto di mare dove le navi scaricano le merci. Anche la nostra mente è spesso così: la famiglia, il lavoro, il servizio per Dio, gli affari, le vacanze... sono *le molte cose* che se gestite male preoccupano e inquietano. Non aveva detto Gesù di non preoccuparci di cosa mangiare? E cosa fece Marta? Si lamentò perché sua sorella Maria non l'aiutava. Probabilmente stava preparando il pranzo per Gesù ed era indaffarata e inquieta.

Il termine preoccupazione è la traduzione della parola greca *merimnáō* che significa *essere ansioso, essere turbato, cercare di promuovere i propri interessi.*

La preoccupazione promuove la nostra abilità più che la fedeltà di Dio. Lo scudo della fede ci difende dal desiderio di avere il controllo. È un grande scudo in grado di proteggerci dalla testa ai piedi, perché la preoccupazione coinvolge tutto il nostro essere paralizzando l'avanzata verso il Signore.

La parola inquietudine dal greco è *thorybazō* (appare una sola volta) e il suo significato è *rendere torbido, disturbare.* Lo scopo della preoccupazione è intorpidire la nostra spiritualità. È come mettere dell'acido in un fiume limpido e cristallino per contaminarlo. L'eccessiva preoccupazione danneggia la nostra passione, il nostro zelo, l'amore e la speranza. L'inquietudine intorbidisce lo stato del nostro cuore. Il diavolo è un arciere formidabile, scaglie frecce di preoccupazione in continuazione. Lo noti quando, ad esempio, sei in preghiera e immediatamente affiorano nella mente varie attività da svolgere. Ne' prima e ne' dopo, ma proprio quando si è accesa la connessione con il cielo ecco arrivare quel fastidioso segnale di disturbo...

L'apostolo Paolo ci esorta a prendere lo scudo della fede. Come biasimarlo? Quando il diavolo attacca, il credente deve difendersi. Nel deserto, dopo quaranta giorni di digiuno e preghiera, il diavolo tentò Gesù in ogni modo. Il Signore però non contrattaccò, ma si difese con la Parola (dicendo *è scritto*). Gesù prese lo scudo della fede, che proviene dalla Parola, e neutralizzò l'attacco del diavolo spegnendo tutti i dardi infuocati. Le frecce del tentatore si disintegrarono lasciando vuota la faretra del maligno.

Un altro dardo infuocato comune e distruttivo è lo *scoraggiamento*. All'inizio della mia conversione ho lottato molto con questo nemico invisibile e temibile. Ricordo ai tempi dell'università quando, a causa di alcuni esami, mi capitava di cadere nello sconforto. Non avevo ancora dei saldi fondamenti nella fede, né una relazione stabile con lo Spirito Santo, perciò nelle difficoltà mi chiudevo in me stesso e nella mia preoccupazione.

Un giorno però, mentre lodavo il Signore, strimpellando la mia chitarra classica regalatami da mio fratello, iniziai a prendere autorità contro questo spirito dichiarandogli guerra. Attraverso una lode a voce alta e una preghiera audace lo affrontai, lo legai e lo cacciai dalla mia vita. Dissi esplicitamente che non sarei stato mai più succube di questo stato d'animo che a tratti rendeva cupa la mia esistenza. Nel tempo si è presentato e si presenta tutt'ora (come il diavolo fece con Gesù), però trova un Giuseppe più equipaggiato e preparato. Lo scoraggiamento è una freccia appuntita diretta contro il cuore; come nel tiro al bersaglio, diventiamo un manichino su cui punta la sua strategica attività mirando il centro del nostro cuore.

Credo che la forza dello scoraggiamento sia data da questa fastidiosa "s" posta dinanzi alla parola *coraggio*. Il coraggio ha a che fare con il cuore (il suo significato originale è *avere cuore*); colpire il cuore implica indebolire la virtù di affrontare le sfide per nobili cause. Quando Giosuè successe a Mosè, Dio gli disse per tre volte: *"Sii forte e coraggioso"* (Giosuè 1:6,7,9). Un motivo ci sarà stato, considerando che Giosuè era l'uomo di guerra più esperto in Israele. Si può essere molto forti, eppure non abbastanza da evitare lo scoraggiamento. Se Dio non gli avesse parlato, Giosuè non avrebbe avuto il coraggio di affrontare Gerico, di passare il Giordano e conquistare quasi tutto il territorio che il Signore aveva assegnato al Suo popolo.

Il coraggio mette in moto il sistema della fede. Tutti abbiamo una misura di fede, come accennato in precedenza, ma per attivarla c'è bisogno di una certa dose di coraggio. I coraggiosi sono persone impavide, determinate, che vanno fino in fondo.

Davide era circondato da persone così. Un giorno espresse un desiderio: *"Oh, se qualcuno mi desse da bere l'acqua del pozzo di Betlemme, che è vicino alla porta"* (2 Samuele 23:15). Cosa accadde? Tre uomini coraggiosi *...si aprirono un varco attraverso il campo filisteo e attinsero l'acqua dal pozzo di Betlemme, vicino alla porta; quindi, la presero e la portarono a Davide...* (2 Samuele 23:16).

Questi uomini rischiarono la vita pur di soddisfare la sete del loro capitano. Il coraggio ci permette di rischiare tutto ciò che abbiamo pur di soddisfare le aspettative del nostro capitano, Cristo Gesù. I coraggiosi non hanno paura di perdere, ma perdono la paura di scoraggiarsi. Il diavolo tenta di demoralizzarci perché sa che i coraggiosi arrivano fino al suo accampamento per riappropriarsi dell'acqua *benedetta* che lui stesso ha rubato. In quel momento Betlemme era stata occupata dai Filistei e con essa i pozzi. Il nemico occupa luoghi spirituali che non gli appartengono di diritto. Betlemme era la città di Davide, cosa facevano questi Filistei in un luogo che non era loro?

Lo scoraggiamento ci invade come i Filistei invasero Betlemme. Betlemme significa *casa del pane*, di Cristo, della Sua presenza. I Filistei (che rappresentano i demoni), attraverso lo scoraggiamento, cercano di deviarci dalla presenza di Dio. Occupano i pozzi della vita spirituale, abbondante e soddisfacente, che Dio ci ha promesso. Il diavolo è un ladro ma dobbiamo avere il coraggio di entrare nel nostro accampamento, diventato suo, e riprenderci la nostra d'acqua!

Questo accade nelle famiglie, per esempio, dove l'acqua dell'armonia familiare è spesso rubata dal nemico. Assistiamo sempre più a disfatte tra mariti e mogli, tra genitori e figli. Il diavolo scoraggia i giovani a unirsi in matrimonio e ciò che Dio ha istituito per il bene del genere umano (pozzi di Betlemme), è occupato dai Filistei.

Servono uomini e donne coraggiosi, ripieni di fede, che senza timore entrano tra le file nemiche e rubano l'acqua della riconciliazione, del perdono e della comprensione. Non lasciare che Betlemme sia in mano al nemico. Non permettere che il diavolo tenga in pugno il tuo matrimonio, il tuo ministero e la tua intimità familiare. Non lasciare che lo scoraggiamento ti faccia restare inerme nel tuo accampamento, imprigionato dentro la rassegnazione. Alzati! Prendi forza, fatti coraggio, entra in Betlemme e attingi l'acqua.

Poi offri a Dio il ringraziamento e riversa la tua gratitudine al trono della Sua grazia, "*...quindi la presero* [l'acqua] *e la portarono a Davide. Egli però non ne volle bere, ma la sparse davanti all'Eterno*" (2 Samuele 23:16).

A prova di fuoco

È difficile pensare come Giobbe, un uomo integro e retto che rispettava Dio e stava lontano dal male, possa aver vissuto le vicende narrate nel racconto biblico. Giobbe fu un uomo straordinario che divenne un esempio di pazienza e sofferenza, chiamato in causa come riferimento quando si parla di prove e di dolore. La mia riflessione però non è rivolta alla qualità della sua pazienza che tutti conosciamo, bensì alla qualità della sua fede. Rimango sempre più affascinato, leggendo la sua storia, dal modo in cui riuscì a resistere a tutti i dardi infuocati lanciategli dal maligno. Notizia dopo notizia Giobbe attutì il colpo senza lamentarsi, senza imprecare e senza peccare.

Quando giunse la peggiore, la drammatica morte dei suoi figli, ecco cosa fece:

> *Allora Giobbe si alzò, si stracciò il suo mantello e si rase il capo; poi cadde a terra e adorò, e disse: "Nudo sono uscito dal grembo di mia madre e nudo vi ritornerò. L'Eterno ha dato e l'Eterno ha tolto. Sia benedetto il nome dell'Eterno". In tutto questo Giobbe non peccò e non accusò DIO di alcuna ingiustizia* (Giobbe 1:20-22).

Le parole di Giobbe rivelano la sua statura di fede. Per la maggior parte di noi lamentarsi è naturale, lo esprimiamo con disinvoltura. Dinanzi alla perdita della sua famiglia, Giobbe non peccò e *non accusò Dio di alcuna ingiustizia.*

L'atteggiamento di Giobbe non fu naturale, né scontato. Non se la prese con Dio. Si sarebbe potuto lamentare, pretendere spiegazioni da parte di Dio. Invece? Capitoli di silenzio...

Sua moglie non lo sosteneva, anzi con convinzione gli disse: "*Rimani ancora fermo nella tua integrità? Maledici DIO e muori!*" (Giobbe 2:9).

Immagina di ricevere un colpo terribile e la persona che potrebbe aiutarti nel dolore, quella più vicina a te, colpisce ancora più forte. Giobbe visse una grande prova che affrontò da solo. Se non avesse avuto fede anche un uomo del suo calibro sarebbe caduto senza possibilità di rialzarsi. Giobbe perse tutto. Dio non gli parlò e la moglie gli consigliò di morire. Gli amici lo infastidirono, anziché consolarlo. Solo, malato, debole, senza figli e senza speranza, resistette fino al quarantaduesimo capitolo. La sua pazienza era figlia della sua fede. Giobbe non solo credeva in Dio, ma godeva della fiducia del suo Dio. In altre parole, Dio credeva in Giobbe. Ecco perché fece una scommessa con Satana. Dio sapeva che la fede del Suo servo era solida come una fortezza inespugnabile. La fede difensiva è paragonabile a una città cinta da grandi mura. Anche se il nemico prova ripetutamente ad abbatterla con cannoni, dardi, frecce e lance troverà mura alte e larghe. La fede, infatti, dev'essere così: alta e spessa!

Quando siamo improvvisamente bombardati da svariate situazioni, come Giobbe nel capitolo uno, non dobbiamo commettere l'errore di arrenderci velocemente, ma imparare a resistere fino al quarantaduesimo capitolo. Voglio che tu sappia che esiste un quarantaduesimo capitolo per tutti. Nel primo forse stai bene e godi le benedizioni, dal secondo in poi però le cose potrebbero cambiare; immerso nel completo silenzio di Dio e nelle molte parole degli uomini l'unica cosa che ti rimane è la fede...

Puoi persino perdere la percezione dell'amore di Dio, ma la fede che hai è l'unica garanzia di riuscita. È l'unico mezzo capace di farti approdare al quarantaduesimo capitolo, quello della doppia benedizione, del riscatto e della crescita personale. Fu qui che Giobbe disse di vedere finalmente Colui di cui aveva solo sentito parlare. La relazione con Dio cambiò, rinnovandosi. La fede difensiva non attacca il diavolo, ma se stessi. Scompone la propria razionalità aprendo un varco verso la crescita. Giobbe era il più grande di tutti, di cosa aveva ancora bisogno? Anche i più *grandi* hanno bisogno di rinnovarsi, di crescere e diventare ancora più influenti. Difendersi non è in atto di debolezza, a volte è l'unico modo per attaccare. Quando nessuno crede in te, non sforzarti di *far capire le cose.* È inutile sprecare le parole che le persone rifiutano a priori. Cosa fare in questi casi? Difendersi prendendo lo scudo della fede! È scritto nella Bibbia che *neppure i suoi fratelli, infatti, credevano in lui* (Giovanni 7:5). Ti rendi conto che i fratelli di Gesù non credevano in Lui, dopo tutto quello che avevo ascoltato e visto?

Gesù non li attaccò mai, si difese credendo in quello che Lui era e nella missione da compiere. La fede difensiva non serve agli altri ma a sé stessi. È come un'implosione, energia che si interiorizza, il fenomeno avviene verso l'interno e non verso l'esterno come in un'esplosione.

La fede difensiva serve nelle prove, nei momenti avversi, nelle situazioni che non pensavi potessero accadere. È uno scudo contro le intemperie della vita, senza di essa ci perdiamo nella rassegnazione, nell'amarezza e nel pensiero che Dio *poteva* evitare ma non ha voluto. Questo tipo di fede ti permette di vedere la realtà alla luce della verità. Ciò che non comprendi puoi soltanto filtrarlo con i sensi spirituali, tra cui la fede.

Maria, la madre di Gesù, assistette alla morte in croce di Colui che aveva cresciuto con amore e che si era rivelato il Salvatore del mondo. Come avrebbe potuto assorbire quel drammatico colpo? Tramite lo scudo della fede riuscì a vedere la tragica realtà con gli occhi di Dio.

Questo tipo di fede proietta il dramma sullo sfondo della speranza. Permette di scorgere la volontà di Dio in mezzo alla fornace di fuoco, come la visione di quel Quarto Uomo (Cristo Gesù) che era insieme ai tre amici di Daniele. La fede difensiva consente di vedere l'arrivo di Gesù nel momento di peggior sconforto. La realtà è buia come la mezzanotte, ma la fede è un faro che illumina la sagoma di Cristo. Lui non è distratto e sarà sempre presente nel tuo giorno peggiore.

Una fede provata

Ricordi la storia della prova di Abrahamo? Immagino di sì... Un piccolo accenno ci permetterà di capire qualcosa in più rispetto a quanto generalmente si conosce.

Dio decise di mettere alla prova il Suo amico Abrahamo.

E DIO disse: "Prendi ora tuo figlio, il tuo unico figlio, colui che tu ami, Isacco, va' nel paese di Moriah e là offrilo in olocausto sopra uno dei monti che io ti dirò" (Genesi 22:2).

Esiste una spiegazione a una richiesta così improvvisa e impensabile? Noi sappiamo che Dio a volte chiede di compiere azioni non convenzionali o di non facile comprensione, ma ai tempi di Abrahamo non era così evidente. Credo che non avrebbe mai pensato di essere messo alla prova in questo modo, porre fine con le sue stesse mani alla vita del figlio che Dio gli aveva promesso. Domande del tipo, *Perché Signore?, Lo merito?, Cosa ho fatto di sbagliato?"* saranno sorte nella sua mente, non lo biasimo, dopotutto abitiamo in un corpo debole e fragile in tutte le sue forme. Anche se fu Dio a metterlo alla prova (infatti, non furono dardi scagliati dal nemico), la fede venne comunque scossa.

Durante la prova è come se la nostra anima fosse schiacciata dal peso di un carro armato. Anche se è Dio a permettere alcune situazioni nella nostra vita, dobbiamo ammettere che umanamente non ne siamo felici e facciamo fatica ad accettarle. La fede viene sottoposta alla pressa, quindi attaccata. In questi casi l'unico contrattacco è difendersi...

Infatti Abrahamo non si lamentò, ma neanche pregò. Nella mente del patriarca c'era il pensiero che se Dio gli aveva dato Isacco quando non poteva procrearlo, allora l'avrebbe risuscitato donandoglielo nuovamente. Questo fu il suo pensiero, ma non lo rivelò. La fede difensiva è muta. Alcune persone fanno fatica a credere che il silenzio di altri è fede che giace nel segreto. La preoccupazione crea agitazione e parole all'infinito. La fede invece genera riflessione, è certezza nel cuore. Durante la prova, un errore comune che si commette è andare in giro a raccontare l'accaduto. Abrahamo invece non disse a nessuno ciò che Dio gli aveva ordinato di fare. Sara ne era all'oscuro, i servi furono lasciati a metà strada e Isacco era ignaro di tutto. Per tre giorni Abrahamo tenne tutto per sé, affrontando la vicenda attraverso una fede silenziosa. Se la Bibbia lo definisce il *padre della fede* non è solo perché credette a Dio per le promesse ricevute; Abrahamo difese il suo rapporto con Dio per mezzo della fede.

Dio gli comandò di fare qualcosa d'inaudito, ma lui ubbidì senza battere ciglio, difendendo così la loro amicizia. Lo scudo della fede lo aiutò a portare a termine la missione. Chissà quanti dardi infuocati il maligno scagliò contro di lui durante i tre giorni. Non oso pensare il combattimento interiore che visse, senza la possibilità di poter parlare o cercare di spiegare a Isacco cosa avrebbe dovuto fare. La fede difensiva conserva cuore e mente nello scrigno della fedeltà di Dio.

Quando sei provato, difendi la tua relazione con lo Spirito Santo e non permettere che il maligno sfondi la tua difesa. Alza lo scudo della fede e va senza timore verso il luogo in cui Dio, tramite la prova, ti sta portando. Fidati di Lui. Afferra il lembo della Sua bontà e lasciati trascinare verso il buon proposito che Egli ha preparato per te. Difendi la tua amicizia senza chiedere spiegazioni, piuttosto spiega a te stesso che le Sue intenzioni sono migliori delle tue preoccupazioni.

Lo scudo della fede è un'arma potente: *spegne* il fuoco del dubbio che il diavolo vuole accendere. La fede difensiva non è passiva, è riflessiva. Sa che la soluzione esiste e rimane in attesa che spunti improvvisamente da qualche parte; un po' come successe ad Abrahamo... Dio provvide un montone come sostituto del sacrificio di Isacco.

Lo scudo della fede provvede. Provvede grazia, successo, riuscita e forza. Quando decidi di difendere la tua relazione con Dio, nonostante gli attacchi o le prove che vivi, stai scavando nel luogo della migliore benedizione.

> *"Io giuro per me stesso, dice l'Eterno, poiché tu hai fatto questo e non hai risparmiato tuo figlio, l'unico tuo figlio, io certo ti benedirò grandemente e moltiplicherò la tua discendenza come le stelle del cielo e come la sabbia che è sul lido del mare; e la tua discendenza possederà la porta dei suoi nemici. E tutte le nazioni della terra saranno benedette nella tua discendenza, perché tu hai ubbidito alla mia voce"* (Genesi 22:16-18).

Promesse gloriose seguono l'ubbidienza e la fedeltà. La fede permette di ubbidire e l'ubbidienza di continuare a credere nella fedeltà di Dio. Qualunque condizione stai vivendo, fermati e controlla se hai con te lo scudo della fede. Poi indossalo, perché è indispensabile quanto il cibo, ti darà la forza necessaria per spegnere tutte le frecce malefiche che il nemico ha pianificato di scagliarti contro. Sai già come andrà a finire: vincerai senza dubbio.

CAPITOLO 3

Fede offensiva

La fede non è magia che incanta. La fede incanta perché è divina.

—Giuseppe Lombardo

Or la fede è certezza di cose che si sperano, dimostrazione di cose che non si vedono (Ebrei 11:1).

Nel periodo in cui sto scrivendo questo libro si sta combattendo la guerra in Ucraina. Sono mesi che l'esercito russo ha invaso l'est dell'Europa, con conseguenze devastanti per il territorio e la popolazione civile. La guerra è terribile, inquietante e il terrore pervade gli animi. Non esistono giustificazioni da promuovere il conflitto bellico, però il mondo è uno scenario in cui la guerra purtroppo esiste.

Nel regno dello spirito accade la stessa cosa. È infatti impossibile essere di Cristo e nello stesso tempo vivere senza battaglie. Siamo catapultati in una guerra senza possibilità di arresa, perché se ci arrendiamo saremo sconfitti e la sconfitta non è ciò a cui siamo stati chiamati. Sulla croce Gesù ha vinto il diavolo, ha vinto l'impossibilità del genere umano di adempiere la Legge e ha vinto ogni cosa che impedisce all'uomo di relazionarsi con Dio. La sua volontà è che questa vittoria ci accompagni nel corso della nostra esistenza e l'unico modo per realizzarla è attraverso la fede.

Permettimi di mostrarti la fede sotto una prospettiva bellica. Possiamo paragonarla a una spedizione militare. La fede è una dichiarazione di guerra contro il nemico, è un'arma offensiva, di attacco. Sappiamo di essere in un combattimento spirituale costante, perciò bisogna discernere il momento in cui difendersi e il momento in cui attaccare. Quando Dio diede al Suo popolo Canaan (la terra promessa) non lo fece tramite un trattato di pace, ma per mezzo di dichiarazioni di guerra. La fede offensiva è la fede bellica, della conquista, quella che fa la prima mossa. Essa invade il territorio spirituale assegnatoci da Dio ma occupato dal nemico.

Non si tratta di presunzione, ma di credere che possederemo ciò che Dio ha promesso. La fede offensiva è una fede che provoca miracoli. Gesù andava ovunque per insegnare, evangelizzare e guarire le persone; andava incontro ai bisogni della gente e li soddisfaceva per mezzo della Sua potenza attivata dalla fede. Credere in Dio e nella Sua Parola significa attaccare le circostanze che la contraddicono. Mentre eserciti la fede stai marciando contro la resistenza della linea nemica. Voglio essere franco: il diavolo non ha paura delle tue abilità, ha paura della tua fede abile!

Ogni uomo o donna di fede possiede un peso nel regno dello spirito, in grado di fargli acquistare rispetto. Non serve conoscenza per avere fede; serve piuttosto conoscere Dio che è fedele. La fede non è legata al numero di nozioni o di versi biblici memorizzati. La fede agisce nella misura della tua relazione con Dio. Puoi non conoscere molto, eppure avere una grande fede. Il motivo? Perché la fede è per tutti! Proprio tutti, anche e soprattutto l'anziano analfabeta.

Gli apostoli Pietro e Giovanni dopo aver guarito lo zoppo presso la porta Bella del tempio, furono interrogati dal sinedrio che li ascoltò e constatò che aveva dinanzi *uomini illetterati.* Ciò che caratterizzava il loro apostolato non era la conoscenza accademica, contrariamente ai farisei o ai sadducei, bensì la loro fede. Durante i tre anni e mezzo trascorsi con Gesù impararono il Suo modo di fare. La fede è la voce dell'azione, ti fa ascoltare prima le meraviglie che Dio compirà dopo. Credere è importante quanto amare e l'amore spinge a credere.

La Bibbia afferma che *c'è un tempo per la guerra e un tempo per la pace* (Ecclesiaste 3:8). Questo include la lotta, che è inevitabile nel corso della propria esistenza. Abbiamo parlato in precedenza della fede difensiva, ora stiamo trattando la fede offensiva e tutto rientra in uno scenario di guerra.

La Parola di Dio ci parla del combattimento della fede e se da un lato combattere significa difendere, dall'altro significa attaccare. È importante discernere il tempo dell'uno e dell'altro se vogliamo respingere il nemico o rubargli i territori di cui Dio ci chiama a prenderne possesso. Nella prova resisti, nella spedizione conquisti! Abbiamo necessità di avere un itinerario divino che ci consenta di scegliere come e quando attaccare o difendere. Nel deserto Mosè difese il popolo, ma nella terra di Canaan Giosuè conquistò territori attaccando. Nelle varie fasi della nostra vita spirituale ci saranno deserti nei quali resistere e territori nuovi da conquistare. Le pianure saranno momenti ricreativi in cui riposare e i monti luoghi soprannaturali su cui ricevere discernimento e istruzione.

La fede di Davide

> *Or i Filistei radunarono le loro truppe per combattere; si radunarono a Sokoh, che appartiene a Giuda, e si accamparono fra Sokoh e Azekah, a Efes-Dammim* (1 Samuele 17:1).

È il preambolo di una invasione nemica. I Filistei si disposero in ordine di battaglia per entrare nel territorio d'Israele e ottenere ciò che desideravano da sempre: l'eredità data da Dio al Suo popolo!

Il nemico delle nostre anime è un essere invidioso. Si disporrà in battaglia per rubare, uccidere o distruggere quello che Dio ti ha donato. Non necessariamente lo hai istigato, lui non sopporta la tua benedizione, il godimento della tua promessa, l'eredità che Dio ti permette di vivere su questa terra.

Sokoh era una città nella pianura di Giuda il cui significato è *cespuglioso*. Indica una siepe, un recinto o ciò che è racchiuso all'interno un'area. I Filistei si accamparono qui, come per dire *circonderemo Israele come una siepe*. Il diavolo vuole circondare la nostra vita attraverso una serie di circostanze, con lo scopo di farci rinchiudere in noi stessi, privi di fede e di speranza.

Questa strategia riuscì bene perché *dall'accampamento dei Filistei uscì un campione di nome Goliath, di Gath, alto sei cubiti e un palmo* (1 Samuele 17:4). C'è sempre un gigante pronto a sfidarci. Come cristiani amiamo e serviamo il Signore, ma non senza problemi; anzi, giganti di cui non sapevamo neppure l'esistenza escono dagli accampamenti dell'inferno pronti a sfidarci.

> *Egli dunque si fermò e gridò alle schiere d'Israele, dicendo: "Perché siete usciti per schierarvi in ordine di battaglia? Non sono io un Filisteo e voi i servi di Saul? Sceglietevi un uomo che scenda contro di me. Se sarà in grado di combattere con me e di uccidermi, noi saremo vostri servi; ma se io sarò vincitore e lo ucciderò, voi sarete nostri servi e ci servirete"* (1 Samuele 17:8-9).

Sembra abbastanza logico non andare a combattere contro un gigante, nonostante la propria abilità bellica. È uno svantaggio iniziale non da poco! La paura crea una paralisi nel movimento e in questi casi la logica deve arrendersi al demoniaco. Infatti *quando Saul e tutto Israele udirono queste parole del Filisteo, rimasero costernati ed ebbero grande paura* (1 Samuele 17:11).

Non solo una persona ebbe il terrore, ma tutto il popolo! Lo scenario è sconcertante, privo di speranza, come accade spesso anche a noi, quando siamo sorpresi da dinamiche spiacevoli impossibili da gestire. In mezzo a questo trambusto apparve un ragazzo di nome Davide, mandato dal padre per informarsi sulle condizioni dei fratelli arruolati in guerra.

Davide scrutò il gigante, lo ascoltò e poi si propose di combattere contro di lui. Le sorti di una nazione caddero sulle spalle di un ragazzo sconosciuto che apparve all'improvviso nell'accampamento. Davide rappresentava l'unica speranza per Israele. Non solo, ma fu l'unico a non avere paura, ecco perché si offrì di accettare la sfida. Non è l'età, l'abilità o la capacità che fa di una persona un eroe. Davide era un giovane ripieno di Spirito Santo, questo è il punto cruciale. L'unzione sulla sua vita non gli permise di essere sopraffatto dalla paura. Spesso pensiamo che gli anni *nella* fede e non *della* fede facciano la differenza. Non è la quantità del tempo trascorso con Dio, ma il modo in cui lo trascorriamo che fa la differenza.

Sai quanti ragazzi e ragazze posseggono la fede di Davide senza che i Saul a capo delle chiese locali se ne rendano conto? Sai quanti giovani brillanti, che nel loro privato hanno vinto leoni e orsi, sono messi da parte perché considerati inesperti ed esuberanti? Ci sono molti Saul che non vogliono ammettere di aver perso l'unzione, e anziché aiutare chi la possiede a svilupparla e a proteggerla, la spengono con l'indifferenza. Questa storia ci insegna che la fede non ha età o nomi importanti a cui affiancarsi.

La fede è frutto di una relazione con lo Spirito Santo. Essa si acquisisce per desiderio, non per eredità. Davide aveva una fede offensiva in grado di attaccare, non solo di difendersi. Quando giunse il momento di scendere in campo contro l'eroe filisteo *prese in mano il suo bastone, si scelse nel torrente cinque pietre lisce, le pose nella sacca da pastore, in un sacchetto che aveva; poi, con la sua fionda in mano, mosse contro il Filisteo* (1 Samuele 17:40).

Prima di ogni battaglia, lo Spirito Santo, ci farà compiere due azioni:

- Prendere il bastone
- Scegliere le pietre giuste

Il bastone è la figura dell'autorità che riveste la tua identità di figlio di Dio. Esso legifera la tua offensiva, il tuo coraggio. Il bastone è la croce che afferri in ogni battaglia. Rappresenta la grandezza dell'opera compiuta sulla croce da Gesù. Il bastone è il tuo appoggio prima, durante e dopo la battaglia, senza il quale regnerebbe la precarietà, e di conseguenza la sconfitta. La tua fede deve essere in grado di percuotere come un bastone. Il nemico ti disprezzerà e sottovaluterà, ma non appena vedrà la tua offensiva decisa, la tua audacia in Cristo, si irrigidirà.

Poi prendi le pietre giuste. Recati al torrente dello Spirito Santo e afferra la Parola adatta alla tua guerra. Arma la tua bocca riempiendo la sacca del tuo cuore con la Parola di Dio. Queste pietre erano lisce, levigate, quindi pronte all'uso. Tutta la Parola di Dio è pronta per essere usata. La Sua funzione dipende dalla tua azione. Perciò armati di autorità, di fede e di Spirito Santo, poi marcia contro il tuo gigante e nel nome di Gesù abbattilo e tagliagli la testa. Muoviti contro di lui come fece Davide. Rincorri il tuo gigante e senza pietà neutralizza la sua difesa.

Davide usò una semplice fionda per compiere una grande impresa. È incoraggiante sapere che basta avere una fede quanto un granello di senape per avere risultati che passano nella storia della propria esistenza. Con poco (una pietra e una fionda) un giovane riuscì a compiere un'impresa dalle proporzioni inaudite. Se in quel momento si fossero aperte le scommesse, nessuno avrebbe puntato su Davide. Eccetto il suo Dio.

Nella tua battaglia nessuno punta sulla tua riuscita. La maggior parte di chi ti sta accanto non crede in te fino in fondo. Quando Davide si informò sul conflitto, i suoi fratelli lo accusarono di essere malvagio. Non capivano che lo Spirito Santo gli dava il coraggio. Le persone non capiscono quando vedono in te una fede di conquista, temeraria, che non vuole arrendersi, anche quando sei di fronte ad un esercito di giganti. Altri cercheranno di scoraggiarti pensando che sei troppo giovane per intraprendere un percorso di vita audace.

Nessuno ti ha visto, né sa quando in passato hai affrontato e vinto *il leone e l'orso*. Spesso si giudicano le persone in base al loro presente. In quel momento Davide stava pascolando le pecore di suo padre. Niente di più umile. Forse le persone non sapevano, a parte i fratelli, che era stato unto dal profeta Samuele come re di Israele. Lo Spirito Santo si era allontanato da Saul ed era sceso su Davide, rendendolo una persona diversa da tutti. Tu sei diverso perché lo Spirito Santo è su di te.

Una fionda e una pietra furono sufficienti per abbattere l'eroe dei Filistei. Entrambi sono una chiara illustrazione della croce (la fionda) e di Cristo (la pietra). La croce di Gesù Cristo fu piantata sul Golgota che significa *luogo del teschio*. Dalla croce (la fionda) il Signore Gesù (la Pietra) si lasciò cadere a terra schiacciando la testa del nemico, il serpente antico.

Davide fu profetico nel dire e nell'agire. Possedeva una fede di conquista, offensiva, che gli permise di colpire e far cadere il gigante. Il segreto della vittoria si nasconde in queste sue dichiarazioni:

> *Allora Davide rispose al Filisteo: "Tu vieni a me con la spada, con la lancia e col giavellotto; ma io vengo a te nel nome dell'Eterno degli eserciti, il DIO delle schiere d'Israele che tu hai insultato. Oggi stesso l'Eterno ti consegnerà*

nelle mie mani; e io ti abbatterò, ti taglierò la testa e darò oggi stesso i cadaveri dell'esercito dei Filistei agli uccelli del cielo e alle fiere della terra, affinché tutta la terra sappia che c'è un Dio in Israele (1 Samuele 17:45-46).

Davide ci insegna cosa significa avere una fede di conquista. Vediamo:

1. Io vengo nel nome dell'Eterno

L'avanzata di Davide era commissionata da Dio per mezzo della fede. Davide vinse non per le sue capacità, né grazie alla fortuna. Davide riuscì nell'impresa perché Dio era con lui!

Questo è il punto che apre la nostra mente alla comprensione: la vittoria non è data mai dall'abilità umana ma dalla volontà divina.

2. Il Dio delle schiere di Israele

Davide parlò al gigante del suo Dio. Non accennò nulla riguardo a se stesso, ma rese pubblico il nome del Signore che il filisteo osò insultare. Il diavolo insinua che Dio sia debole e incapace di prendersi cura dei Suoi figli. In realtà nessuno di noi è in grado di quantificare la Sua forza. Dio è Onnipotente! Davide lo sapeva perché lo Spirito Santo era su di lui, ma Egli è anche in te e in me. Chi o cosa temere? Hai un Dio grande che è dalla tua parte e una fede sufficiente per crederLo!

3. Davide profetizzò

Oggi stesso l'Eterno ti consegnerà nelle mie mani.

La fede ci permette di dichiarare la vittoria in Cristo e con Cristo. Un uomo e una donna di fede parlano di conquista ai giganti e alle circostanze. Dio vuole gloriarsi nelle nostre circostanze e Davide lo sapeva. Un gigante nelle mani di un ragazzo? Sì, questa è la realtà di Dio, caro amico. Egli ha scelto le *cose che non sono per ridurre al niente quelle che sono* (1 Corinzi 1:28). Dio ridurrà in polvere i tuoi giganti!

La fede del giovane Davide lo catapultò nella fama e nella grandezza. È entrato nella storia il modo in cui questo ragazzo è riuscito a battere un campione alto più di tre metri. La fede trasforma persone semplici in eroi, persone ordinarie in straordinarie. Cambia la prospettiva della tua identità sottovalutata dagli uomini o da chi crede di essere più intelligente. La fede è un mezzo soprannaturale che ti permette di raggiungere livelli di successo e di conquista che non si possono raggiungere in nessun altro modo. Questa è la fede che ha reso grande un giovane pastorello sconosciuto. La stessa che permise a Giosuè di scacciare sette nazioni forti e potenti dal loro luogo. La stessa che acconsentì a un ultraottantenne di nome Caleb di conquistare Hebron. Questa è la fede in grado di possedere, di vedere con gli occhi spirituali la vittoria prima della battaglia. La stessa che onora Dio perché Gli conferisce la fiducia di cui è pienamente degno.

La fede di Caleb

> *Ed ora ecco, l'Eterno mi ha conservato in vita, come aveva detto, questi quarantacinque anni da quando l'Eterno disse questa parola a Mosè, mentre Israele vagava nel deserto; ed ecco, oggi ho ottantacinque anni. Ma oggi sono ancora forte come lo ero il giorno in cui Mosè mi mandò; lo stesso vigore che avevo allora ce l'ho anche adesso, tanto per combattere che per andare e venire* (Giosuè 14:10-11).

Caleb, un uomo straordinario, pieno di fede e con un *altro spirito*, lo stesso che gli permise di restare in vita per entrare in possesso della sua eredità: Hebron!

Caleb rappresenta, insieme a Giosuè, la generazione della fede. Una generazione senza paura, o per meglio dire con più timore di Dio e meno paura degli uomini. Caleb e Giosuè descrivono la realtà della fede come pochi altri perché videro la potenza di Dio al di sopra della forza degli uomini.

Come Davide, Caleb affrontò i giganti insediati nel territorio che Dio aveva promesso. Da un lato abbiamo un ragazzo, Davide, e dall'altro un anziano, Caleb, ma entrambi con lo stesso spirito, quello della fede! La fede non ha età. Credere in Dio prescinde i dati anagrafici. Avere fede implica possedere una propulsione che spinge, qualcosa che abbassa i livelli di paura nonostante si alzano i livelli di rischio. Credere non è solo sperare perché chi spera aspetta, mentre chi crede agisce! L'azione segue le parole e le parole continuano a seguire le azioni. Non esistono barriere per coloro che credono, in quanto la fede le travolge come un carro armato. Per Caleb non fu un problema andare a combattere all'età di ottantacinque anni, era arrivato il momento di ottenere e vivere ciò che Dio aveva promesso molti anni prima. Per Caleb gli ostacoli non erano un problema, se Dio lo aveva detto, allora lo aveva già fatto! Questo è infatti il segreto della fede: credere in ciò che Dio ha detto come se fosse già accaduto.

Caleb era un conquistatore. La sua fede lo catapultò nel territorio promesso senza *se* e senza *ma*. La fede offensiva non ti fa riposare finché non giungi nella dimensione del riposo. Hebron rappresentava la meta, il traguardo, il luogo assegnatogli da Dio. Una promessa da parte di Dio diventa lo scopo per cui viviamo e comprenderemo così la realtà del Suo piano per noi. Ci saranno luoghi spirituali che saranno conquistati con la salvezza, altri con la capacità o unzione dataci da Dio, altri ancora solo con una fede offensiva.

> *Or dunque dammi questo monte di cui l'Eterno parlò quel giorno; poiché tu stesso udisti in quel giorno che vi erano gli Anakim e città grandi e fortificate. Se l'Eterno sarà con me, io li scaccerò, come disse l'Eterno* (Giosuè 14:12).

Questo è il dialogo tra Caleb e Giosuè. Due conquistatori, amici, leader e compagni d'armi che si accordarono per possedere un territorio, una città, un monte, senza badare alla presenza del nemico. Questi uomini insegnano che la fede tratta con Dio, non con il nemico. Per Caleb sapere che Dio era con lui rendeva nullo il nemico.

Caleb rappresenta lo spirito della fede che permette di vedere Dio come il gigante al di sopra dei giganti ostili. Ammiro questi pionieri della fede la cui priorità era accertarsi che Dio fosse dallo loro parte. A volte commettiamo l'errore di focalizzare la nostra attenzione sulla forza del nemico facendo, il suo gioco. È normale che se ci paragoniamo ai giganti siamo come delle cavallette! Siamo umani, inferiori in forza e in intelligenza rispetto a loro. Non scandalizzarti di questo, perché umanamente non abbiamo il potere di vincere su di loro. Però in Cristo Gesù le cose cambiano. In Lui possediamo autorità contro la potenza del nemico, per cui i giganti saranno *più bassi* di qualsiasi uomo nato di nuovo.

Caleb aveva compreso che se Dio fosse stato dalla sua parte nessun gigante sarebbe rimasto in piedi, perché Dio Lo avrebbe abbattuto e vinto. Dobbiamo renderci conto che la forza di un gigante è niente di fronte alla forza di Dio. I giganti possono essere demoni forti in grado di spaventare l'uomo naturale. Noi siamo uomini e donne spirituali rivestiti di potenza dall'alto, Cristo è la nostra forza! Dio non solo è con noi, è dentro di noi! Siamo davvero molto più avvantaggiati rispetto a Caleb: si preoccupava che Dio fosse *con* lui, invece noi abbiamo il Signore *dentro* i nostri cuori.

Comprendi il potenziale che abbiamo? Comprendi cosa riusciremmo a fare quando questa rivelazione diventasse reale? Nessun gigante potrebbe resisterci perché mentre guarda noi scorge Colui che è dentro di noi. Questo terrorizzava i demoni quando vedevano Gesù; infatti *quando lo vedevano, si prostravano davanti a lui e gridavano, dicendo: "Tu sei il Figlio di Dio!"* (Marco 3:11).

I demoni si prostravano. Perché? Non vedevano un uomo unto che faceva miracoli, ma il Signore del cielo e della terra. Quando i demoni ci guardano e vedono Cristo in noi... tremano! Ecco un buon motivo per camminare e vivere nello Spirito, affinché diventi più evidente la Sua opera di ricreare in noi l'immagine di Gesù.

Caleb reclamò il monte. La fede offensiva reclama le promesse di Dio. Aspetta, ma reclama; aspetta e proclama; aspetta e acclama Dio mentre opera. Questa tipologia di fede possiede una memoria. Caleb nonostante i quarantacinque anni trascorsi nel deserto ricordava la promessa di Dio ricevuta tramite Mosè. Questo ci insegna che l'offensiva ha un tempo. Non dobbiamo pensare che una fede di conquista sia sempre al presente. Bisogna invece avere il discernimento di decodificare il tempo di Dio per l'offensiva. Ci saranno conquiste immediate e altre dislocate nel tempo. Gesù diede la Sua preziosa vita dopo tre anni e mezzo di ministero. Guarì, liberò, risuscitò i morti e predicò l'evangelo del regno per tutta la durata del Suo ministero, ma conquistò il mondo soltanto alla fine. Non fece subito la Sua più grande conquista, ma nel tempo giusto, stabilito dal Padre.

Infine la fede offensiva *offende* il diavolo. Sai una cosa, lui ci disprezza e offende la nostra vita, perché dunque non offendere anche lui attraverso questo tipo di fede? Quando Davide abbatté il gigante e gli tagliò la testa *offese* tutto il popolo filisteo.

> *Poi Davide corse, si gettò sul Filisteo, prese la sua spada, la sguainò e lo uccise troncandogli con essa la testa. Quando i Filistei videro che il loro eroe era morto, si diedero alla fuga* (1 Samuele 17:51).

Si diedero alla fuga! Golia non era in fondo così forte come voleva far credere! Dio lo vinse per mezzo di un ragazzo ripieno di Spirito Santo. Sei giovane e pensi di essere debole di fronte al tuo gigante? Guarda cosa compì un ragazzo nelle mani di Dio: offese un popolo che si diede alla fuga... attraverso la sua fede offensiva!

Anche tu puoi fare lo stesso. Attacca il tuo gigante senza indugio e non avere paura delle sue dimensioni. Sfodera la tua fede con sicurezza sapendo chi sei in Cristo e che Lui è dalla tua parte. C'è una Hebron che ti attende da anni. Hai attraversato il deserto, il fiume, hai conquistato Gerico, ma ora è giunto il tempo di prendere possesso della tua Hebron. Non una promessa generica o per tutti, ma la tua promessa specifica che aspetti da tempo!

Allora Giosuè lo benedisse e diede Hebron in eredità a Caleb, figlio di Jefunneh (Giosuè 14:13).

Profetizzo sulla tua vita che Cristo Gesù, figura di Giosuè, ti benedice e ti sta donando in eredità la tua Hebron. Credilo, afferralo e ringrazia il tuo Dio.

CAPITOLO 4

Fede estrema

La fede è un rischio "certo",
non di certo un falso rischio.

—Giuseppe Lombardo

Vegliate, state fermi nella fede, comportatevi virilmente, siate forti (1 Corinzi 16:13).

Questa è la storia di Lucia (per rispetto della persona userò un nome fittizio), una donna, una mamma e una figlia di Dio piena di vita. Le fu diagnosticato un terribile tumore che la portò a lottare per la sopravvivenza tra una chemioterapia e l'altra. Lucia era una donna di fede. Semplice, determinata e ripiena di Spirito Santo.

Dobbiamo ammettere che quando accadono certe situazioni non è facile gestirle, sia in relazione a noi stessi che agli altri. La vita ci scorre davanti, come le scene di un film e i pensieri più forti sono quelli negativi. Vivere in uno stato di angoscia e di preoccupazione condiziona anche l'ambiente circostante. C'è chi prega con te e per te e chi, senza speranza, non ha parole da condividere, se non sguardi tristi e lacrime che scorrono senza possibilità di fermarle. Quando la circostanza è estrema, non resta che sfoderare una fede estrema. Non che sia facile, ma diventa l'unica arma a disposizione in grado di darci la vittoria. Immagina di essere in mezzo a un'aspra battaglia e a un certo punto ti rendi conto di non avere più la cintura, la corazza, i calzari, lo scudo, l'elmo... hai in mano soltanto la spada, mentre il nemico davanti a te è alto, possente e pronto ad attaccare. Cosa fare? Puoi scappare oppure lanciarti contro l'arrogante nemico utilizzando l'unica arma a tua disposizione: la Parola di Dio!

Lucia lottò con tutte le sue forze, insieme alla chiesa locale in cui apparteneva. La preghiera sua e degli altri fu intensa per diversi mesi. Il suo viso sembrava quello di un angelo e le sue parole forti come un ruggito di leone. Più soffriva e più pregava. Più forte era il dolore, maggiore la sua tenacia. Purtroppo Lucia non guarì, ma il suo modo di vivere quei momenti difficili insegnarono a lottare con fierezza fino alla fine. Anche se il miracolo non è avvenuto ritengo la sua attitudine grande quanto il miracolo atteso. Lucia rimane una donna di esempio, capace di esprimere la fede biblica alla lettera.

Il suo modo di affrontare il dramma mi ricorda una donna senza nome descritta nella Bibbia come la donna dal flusso di sangue. La fede instancabile di Lucia, quella dei familiari e di quanti hanno pregato per lei resta un insegnamento concreto su come affrontare una situazione impossibile. Lo so, avrei potuto scegliere di raccontare una storia a lieto fine; ma ho scelto di narrare la storia di Lucia perché desidero sottolineare il giusto atteggiamento che bisogna avere a prescindere dal risultato finale. Grazie a Dio sono molte le storie che giungono a lieto fine. Questi eroi ed eroine della fede hanno combattuto la loro battaglia con la sola arma a disposizione: la fede! Questa non è una fede normale; è estrema, come estremo è il residuo della forza che hai in corpo quando sei sfinito.

Un giorno il re Ezechia si ammalò e il suo cuore fu turbato.

> *In quel tempo Ezechia si ammalò mortalmente. Il profeta Isaia, figlio di Amots, si recò da lui e gli disse: "Così parla l'Eterno: Metti in ordine la tua casa, perché morirai e non guarirai". Ezechia allora voltò la faccia verso la parete e pregò l'Eterno: "Ti supplico, o Eterno, ricordati come ho camminato davanti a te con fedeltà e con cuore integro e ho fatto ciò che è bene ai tuoi occhi". Poi Ezechia diede in un gran pianto* (Isaia 38:1-3).

Ezechia era un re che obbediva alla volontà di Dio. Era un uomo integro, fedele e buono, eppure si ammalò gravemente. Il profeta Isaia lo incontrò per informarlo di ciò che sarebbe accaduto di lì a poco. Non fu facile digerire una notizia del genere, cioè di prepararsi al peggio. Quello che incoraggia è che il re Ezechia immediatamente pregò il Signore. Stiamo parlando di attitudine, giusto? Quella corretta da assumere propria quando la notizia è estrema. In una situazione estrema, solo una fede estrema porterà a pregare e a cercare Dio.

Ezechia *voltò la faccia verso la parete* e pregò il Signore. Cosa rappresenta questa parete, se non l'ostacolo posto dinanzi? *Verso la parete* significa avere il coraggio di guardare in faccia la realtà (più grande di noi) che si eleva dritta come un muro; in questi casi l'unico che può aiutarci a superare il tutto è il Signore, l'Altissimo. Sì, quando la notizia è grande come una muraglia e ci impedisce di guardare con speranza il futuro, non ci resta che alzare gli occhi per chiedere aiuto all'Altissimo. Infatti dichiara la Scrittura: "... *con te posso assalire una schiera e con il mio DIO posso saltare sopra un muro*" (Salmo 18:29).

La preghiera di Ezechia gli permise di saltare sopra il muro della sua circostanza, la malattia. Pregò, supplicò, invocò e pianse a dirotto. Dio ascoltò la sua preghiera e gli aggiunse quindici anni di vita. La storia del re Ezechia insegna almeno due cose:

1. Nessuno è immune a certe situazioni, neanche se sei il re del popolo eletto di Dio.
2. Dio rimane Dio, sempre.

Ciò che conta realmente è testimoniare della fedeltà di Dio prima, durante e dopo la prova. La fede è il *testimone fedele* in noi e attraverso di noi. Per mezzo di essa diamo testimonianza a noi stessi e agli altri. Quando decidiamo di non incolpare, di non rinnegare o di non essere amareggiati col Signore, nel bel mezzo della circostanza, diamo la più grande testimonianza di fedeltà verso Dio. Qualunque cosa accada, la fede permette di restare ancorati a Cristo nonostante le domande, le tensioni e il pianto.

Gesù si è chiesto se avrebbe trovato la fede al Suo ritorno, questo significa che le situazioni della vita saranno via via sempre più pesanti, da schiacciare anche la fede di alcuni. Noi non vogliamo far parte di questi *alcuni*, non dobbiamo mollare, né arrenderci, ma avere nel cuore una fede estrema, radicale e forte. Si dice che *quando il gioco si fa duro, i duri cominciano a giocare*. Possiamo affermare nello stesso modo che quando la situazione diventa estrema, allora la fede estrema scende in campo...

Continua a credere

Un giorno Gesù, dopo aver liberato un uomo posseduto e insegnato ai discepoli ad affrontare le tempeste, iniziò a parlare con la gente che lo attendeva con impazienza. All'improvviso un padre disperato si prostrò davanti a Lui, supplicandolo di andare a casa sua e compiere un miracolo sulla sua giovane figlia, che era agli *estremi*.

Allora venne uno dei capi della sinagoga, di nome Iairo, il quale vedutolo, gli si gettò ai piedi, *e lo pregò con molta insistenza, dicendo: "La mia figliola è agli estremi; vieni a imporle le mani, affinché sia guarita e viva"* (Marco 5:22-23).

Il termine greco tradotto come estremi è *eschatōs*, una parola che appare una sola volta nel Nuovo Testamento e significa *punto di morte*. Questa fanciulla di dodici anni si trovava a camminare lungo la soglia che divide la vita dalla morte. Il punto di morte indica la fine. Rappresenta l'ultimo stadio dell'esistenza, oltre il quale non c'è speranza. Questo padre coraggioso riuscì a trovare Gesù e a convincerlo di recarsi subito a casa sua perché la fine di sua figlia era una questione di minuti. Una situazione decisamente estrema che necessitava di una fede altrettanto estrema.

Pochi attimi dopo giunse la triste notizia:

> *Mentre egli stava ancora parlando, vennero alcuni dalla casa del capo della sinagoga, dicendo: "La tua figlia è morta; perché importuni ancora il Maestro?"* (Marco 5:35).

Iario, impietrito, non disse nulla. Momenti di grande confusione, frustrazione e desolazione. Il Maestro era quasi giunto a casa sua e avrebbe immediatamente guarito la ragazza, questo credeva Iario. Come non riconoscere la sua fede? Iario era un capo religioso, se non avesse avuto la rivelazione di chi Gesù fosse veramente non l'avrebbe mai cercato. Iario insegna un principio importante: tendere la fede fino alla fine.

Hai presente un elastico? Considero la fede estrema come qualcosa che somiglia a un elastico. Si tende, ma non si spezza. Si allunga, ma ritorna alla posizione originale. Più si tende e più si rafforza. Iario portò il suo credo alla massima estensione, fino al punto di rottura del suo io.

Esiste una riserva di fede, impercettibile, insita in ognuno di noi. Non è quella che tutti vedono e rispettano, ma una parte che definirei speciale, *dorata*; Dio sa che è presente ma noi dobbiamo scoprirla. È un tipo di fede che ti porta a destinazione, come quel residuo di benzina all'interno del serbatoio quando si accende la spia della riserva. Sai che c'è ancora autonomia fino alla prossima stazione di servizio! Questa fede si attiva nel bisogno, nella necessità. È la stessa che portò Gesù a concludere la corsa, la gara che gli era posta davanti, divenendo autore e compitore della fede.

> *Anche noi dunque, essendo circondati da un così gran numero di testimoni, deposto ogni peso e il peccato che ci sta sempre attorno allettandoci, corriamo con perseveranza la gara che ci è posta davanti, tenendo gli occhi su Gesù, autore e compitore della nostra fede, il quale, per la gioia che gli era posta davanti, soffrì la*

> *croce disprezzando il vituperio e si è posto a sedere alla destra del trono di Dio* (Ebrei 12:1-2).

Anche noi significa che ci sono altri. Sono gli eroi, con e senza nome, descritti nel capitolo undici della lettera agli Ebrei. Questo capitolo è dedicato a loro, ma anche a tutti quelli che seguiranno le loro orme. La fede di questi uomini e donne non era comune o scontata. Noè, ad esempio, costruì da solo un'arca per un secolo. Abrahamo lasciò la sua terra senza sapere dove andare. Sarà concepì e partorì a novant'anni. Mosè rinunciò ai privilegi di una vita reale. Giosuè con una marcia insolita fece crollare le gigantesche mura della città di Gerico... sono solo alcuni esempi per capire il tipo di fede che caratterizzava questi eroi ed eroine della fede. Non avevano la fede che sfoggia la sua lucentezza nel periodo di gioia. Furono messi alla prova dalle circostanze che vivevano. Ti faccio un esempio...

Come puoi costruire un'arca da solo per un periodo così lungo? Io mi sarei scoraggiato tante volte. Oggi sappiamo che Gesù sta per tornare e ci prepariamo di conseguenza. Ai giorni di Noè soltanto lui sapeva ciò che stava per accadere, perché Dio gli aveva parlato personalmente. Immagina di essere da solo in mezzo alla gente che ti osserva considerandoti pazzo. Se dopo dieci, venti, trent'anni non vedi nulla, come puoi continuare ad abbattere alberi e assemblarli? È assurdo, se non fosse per una semplice ragione chiamata fede!

Questa infatti è una fede folle, estrema, elastica. Si tende ma non si spezza. Si allunga ma non si rompe. La usi e la riuserai per sempre...

Ma torniamo a Iario. Come già detto era un capo religioso israelita e conosceva bene le storie incredibili che Dio fece con i padri della fede. Ora però il protagonista della storia era lui!

> *Ma Gesù, appena intese ciò che si diceva, disse al capo della sinagoga: "Non temere, credi solamente!"* (Marco 5:36).

Verso potente! La richiesta di una fede fuori dal comune, insolita o estrema: *"Credi solamente"* dichiarò Gesù... come per dire "continua a credere nonostante la notizia. Non arrenderti Iario, continua a costruire la tua arca di salvezza. Marcia, non mollare, non cedere, perché la tua Gerico sta per crollare".

La storia di Iario ci insegna che la fede non è sempre uguale, il suo livello può variare, in base a ciò che richiede la situazione. Il nome Iario ha origine ebraica, il suo significato è *Yahweh illuminerà* e *Yahweh risveglierà*, o *egli splende, colui che Dio illumina*. La vicenda che visse questo giudeo-cristiano rende più chiaro il significato di una fede estrema. Se da un lato illumina, dall'altro risveglia. Nel primo caso è illuminante nonostante il caldo deserto della prova; nel secondo, porta la vita nel bel mezzo di una situazione morta.

Alla fine, questa fanciulla tornò in vita per la potenza di Gesù attivata da una fede che non si arrese. Ciò dimostra che una situazione estrema può essere ristabilita attraverso una fede altrettanto estrema. Per mantenere questo stato di fiducia alto bisogna mettere fuori dalla porta i piagnucolosi e i dubbiosi, fossero anche persone vicine a noi. La fede estrema, infatti, non discute col dubbio, non si ferma a pensare *se* o *ma*. La fede estrema lotta, affronta e prosegue nel credere che tutto è possibile se Gesù è lì, dinanzi al problema senza soluzione. Questa fede è il massimo livello del credere in Dio. È come accelerare un'auto alla massima velocità: il motore è alla massima potenza di progettazione e supera tutte le aspettative previste!

La fede non ha nome

Facciamo un piccolo passo indietro. Gesù e Iario si stavano recando a casa di Iario e avevano appena ricevuto la notizia della morte della figlia. All'improvviso una donna afferrò il lembo della veste di Gesù. Di lei non si conosce praticamente nulla, se non i suoi malesseri fisici, eppure una potenza venne fuori da Gesù guarendola all'istante dalla malattia.

Questa donna a differenza di Iario non era esperta di dottrina, di miracoli e di cerimoniale. Non conosceva neanche

Gesù di persona in quanto la Scrittura riporta che *aveva sentito parlare* di Lui; si potrebbe dire che in apparenza non aveva nessuna credenziale per ricevere. Se oggi con tutta la conoscenza di cui disponiamo, non riusciamo a credere per ricevere come fecero costoro, significa che ci stiamo perdendo in qualche meandro inappropriato della vita cristiana.

Svolgiamo studi biblici, predichiamo, insegniamo, parliamo di Dio con facilità ma poi non riusciamo a ricevere di conseguenza. Al contrario, persone meno acculturate e istruite di noi, come leggiamo nella Bibbia, riuscivano ad ottenere il miracolo sperato. La differenza? Una piccola parola: fede!

Anche questa donna ci insegna l'importanza di avere una fede estrema. Aveva trascorso dodici anni a curarsi, era stanca, addolorata, impoverita dalle cure, e la situazione era peggiorata.

> *Avendo sentito parlare di Gesù, venne tra la folla alle sue spalle e toccò il suo vestito, poiché diceva: 'Se solo tocco le sue vesti sarò guarita'. E immediatamente il flusso del suo sangue si stagnò, ed ella sentì nel suo corpo di essere guarita da quel male* (Marco 5:27-29).

Questa donna ricevette un miracolo grandioso per aver avuto il coraggio di compiere tre cose:

1. Credere
2. Credere
3. Credere

A cosa serve udire se poi non crediamo? A cosa giova dichiarare con le nostre parole, se poi non ne siamo convinti? Se non agiamo, servirà a qualcosa?

La fede estrema è quella che procede fino alla fine. È una fede scalza: non si preoccupa come arrivare, ma dove arrivare! È una fede che rischia il tutto per tutto, buttandosi a capofitto in ciò che dice la Parola di Dio. È una fede grintosa, sofferente e silenziosa. Sceglie il silenzio perché sa che non tutti la comprendono. Se questa donna avesse detto alla folla che era affetta da un flusso di sangue l'avrebbero allontanata, insultata ed emarginata come se fosse lebbrosa. Perciò si mosse in silenzio...

Spesso le persone quiete e tranquille sono quelle che possiedono una fede capace di attirare il miracolo. Una fede forse poco *elegante* ma di sicuro molto efficace. Una fede illogica, irrazionale, inarrestabile. Una fede che non si lascia condizionare delle opinioni altrui, perciò semplicemente invidiabile!

Non si tratta in modo semplicistico di udire, dichiarare e agire. Significa andare fino in fondo nonostante aver toccato il fondo. Per *risalire* dalla propria disfatta bisogna *scendere* in profondità con Dio. La fede estrema non ha tempo di guardare in faccia la realtà già al limite. Non ha tempo di preoccuparsi di ciò che penserà la gente. Non teme di fallire perché è già in una condizione di fallimento. Il suo obiettivo è di afferrare il lembo della veste di Cristo! Sa che l'unica soluzione è cercare Gesù finché non lo trova e lo afferra, ottenendo il miracolo.

Questa donna è una rappresentazione chiara di quella parte della chiesa di Cristo che deve fare un passo più grande se desidera toccare il prodigioso. Stiamo sanguinando da molto tempo, abbiamo speso energie, risorse e speranze senza nessun beneficio. Credo sia giunto il momento di assumerci il rischio di distenderci a terra, come fece quella donna in mezzo a una folla sana ma che non conosceva il potere di Cristo. Andiamo fino in fondo, fino alla fine, nella controversa realtà soprannaturale, per afferrare il nostro miracolo ed essere liberati dal sottile e incubato male chiamato incredulità.

Questo è il tempo di credere che il lembo della veste di Cristo Gesù porterà guarigione e liberazione. Il tempo in cui bisogna dimostrare la nostra *diversità* nel credere in Dio. Diversità? Sì, significa che la fede di massa non ci salverà nelle situazioni più disperate, la fede di tutti, quella comune e scontata, non sarà insufficiente a garantire la vittoria. Abbiamo necessità di riscoprire una fede estrema, tesa, dell'ultima ora. Quella che non ha tempo per pensare, perché l'urgenza non le darà il tempo di farlo. Una fede rafforzata, muscolosa, in grado di sollevare qualsiasi dubbio del momento. Questa è la fede di Daniele nella fossa dei leoni; dei suoi tre amici nella fornace di fuoco. La fede che ebbe Davide contro Golia. La fede di Ester contro Haman. La stessa che ebbe Pietro in prigione e Paolo durante il naufragio verso Roma. Questa è la fede di molti eroi senza nome descritti nel capitolo undici della lettera agli Ebrei. Uomini senza nome ma ricolmi di onore. Persone rese grandi dalla loro fede e le cui storie sono avvenimenti registrate nell'eterna Parola di Dio. Questa è la fede di coloro che *vinsero regni, praticarono la giustizia, conseguirono le promesse, turarono le gole dei leoni, spensero la forza del fuoco, scamparono al taglio della spada, trassero forza dalla debolezza, divennero forti in guerra, misero in fuga gli eserciti stranieri* (Ebrei 11:34).

CAPITOLO 5

Fede vittoriosa

La fede vince tutti gli "scontri" nella vita soprattutto quelli frontali.

—Giuseppe Lombardo

Camminiamo infatti per fede, e non per visione.

—2 Corinzi 5:7

Vincere è un desiderio di tutti. Nello sport, nelle discipline e persino nei confronti a livello amatoriale, vincere è qualcosa a cui ogni partecipante aspira. È riduttivo per un professionista o per chiunque altro accontentarsi di ciò che il detto popolare afferma: *l'importante è partecipare*. Infatti, se vogliamo essere sinceri, la realtà è un'altra: in ogni gara, lotta e confronto in noi risiede la volontà di vincere.

Se l'essere umano è stato creato a immagine e somiglianza di Dio, poteva non aspirare alla vittoria? Dio è l'eterno vittorioso! Vincere è nella Sua natura, insito nel Suo essere, ecco perché non ha mai perso, né mai perderà uno scontro con i Suoi avversari. La Sua specialità è vincere in ogni occasione e in ogni tempo.

C'è distinzione tra il desiderio di vittoria e il voler a tutti i costi competere. Anche se vincere implica di per sé il gareggiare, lottare e resistere, non tutti amano competere. Io, ad esempio, sono tra questi. Crescendo nella fede ho imparato un modo diverso di vincere, senza competere, attraverso l'apprendimento.

Non mi interessa arrivare sul podio per alzare la coppa, certo come detto prima è il motivo principale per cui si gareggia, ma non quello assoluto, che per me è appunto apprendere. Imparare durante una competizione (che si vinca o si perda) è l'elemento essenziale per crescere nella vita. Mentre ci prepariamo per il giorno della gara, ci avviciniamo ad essa con il pensiero "oggi imparerò qualcosa confrontandomi con il mio avversario".

Se è vero che Dio non ha mai perso una competizione è anche vero che non ha mai cercato di competere con qualcuno. È continuamente sfidato e chiaramente è sempre pronto a vincere. Questo però non accade a noi, cioè di vincere in tutte le occasioni. La vittoria implica anche vincere la paura di perdere. Mi dirai, stiamo parlando di vittoria o di sconfitta? Beh, non sempre si vince nella vita perché siamo umani e questo è un dato di fatto, però se apprendiamo dalle vicissitudini che affrontiamo, possiamo crescere e prepararci per vittorie future più grandi.

Vincitore tra il popolo

Or c'era fra i farisei un uomo di nome Nicodemo, un capo dei Giudei. Questi venne a Gesù di notte e gli disse: "Maestro, noi sappiamo che tu sei un dottore venuto da Dio, perché nessuno può fare i segni che tu fai, se Dio non è con lui" (Giovanni 3:1-2).

Nicodemo era uno stimato e noto dottore della legge che in preda a una crisi interiore una notte si recò da Gesù. Potremmo criticare Nicodemo per essere andato di nascosto dal Signore, ma dobbiamo andare oltre, se vogliamo comprendere ciò che lo animava. Il nome Nicodemo significa *vincitore fra il popolo*, questo nome fu profetico per lui, perché in qualità di dottore della legge ebbe il coraggio di andare da Gesù per avere conferma se fosse davvero Lui il Messia.

Vincere non sempre equivale a trionfare come un eroe. Vincere significa anche mettere da parte la propria esperienza e conoscenza acquisita per qualcosa di più grande. Vincere sulla propria opinione, convinzione e ideologia per mezzo della Parola rivelata è autentica vittoria. Nicodemo era diverso dai suoi colleghi che andavano da Gesù per metterlo alla prova. Nicodemo andò da Gesù per mettersi alla prova! La prima è presunzione, la seconda è rivoluzione! Nicodemo affrontò e superò il conflitto interiore tra la propria ragione e l'evidenza indiscussa dei miracoli che Gesù faceva, e che nessun altro nella storia aveva mai fatto prima. In altre parole, Nicodemo:

1. Andò verso la Parola
2. Si lasciò ammaestrare dalla Parola
3. Credette alla Parola

Ogni vittoria percorre la via della fede. Se sappiamo che non esiste fede senza la Parola allora perché non credere a quanto Dio dice? Molti credono nell'esistenza di Dio, ma quanti credono che Dio porta all'esistenza ciò che dice? La fede senza la Parola è presunzione in quanto poggia sui desideri umani. Non solo, ma la fede senza la Parola è simulazione perché fingerai che tutto vada bene. In poche parole, la fede senza la Parola è dottrina teologica: tocca la mente senza sfiorare mai il cuore.

Credere è indispensabile se vogliamo vincere e vincere significa *recarsi* dalla Parola. Nelle notti buie della nostra esistenza, quando il dubbio e lo sconforto ci assalgono, la cosa migliore da fare è seguire l'esempio di Nicodemo: recarsi da Gesù, la Parola.

Buona abitudine in questi casi è meditare sulla Parola, pregare, lodare e ringraziare Dio; la risposta arriverà. E se anche la risposta non provenisse direttamente dalla Parola, Dio manderà qualcuno che ti parlerà e confermerà ciò hai letto o leggerai. Egli è un padre che desidera la vittoria dei Suoi figli. Vuole che otteniamo il Suo stesso successo, ma prima di tramutarsi in realtà dobbiamo percorrere la via della fede. Molti preferiscono celebrare la vittoria senza pagare il prezzo della battaglia. Eppure sembra abbastanza scontato che quando si riporta una vittoria prima si è combattuta una battaglia! No? Nessuno può vincere senza aver prima combattuto. Nicodemo vinse se stesso, perciò fu *vincitore fra il popolo*.

La sua esperienza di fede fu notturna, perché la fede prima di palesarsi rimane nascosta tra il buio delle proprie opinioni. Gesù parlò all'uomo più istruito di Israele della cosa più semplice della cristianità: la nuova nascita. Nessun accenno alle profezie bibliche, a rivelazioni apocalittiche o dettagli sul Messia promesso; Gesù quella notte insegnò a Nicodemo l'alfabeto della fede.

Si può vincere con poco, se quel poco si chiama fede. Basterebbe una fede della dimensione di un granello di senape per avere il massimo del risultato, credere che da un piccolo seme possa nascere un grande albero. Nicodemo lo comprese e divenne una maestosa quercia di giustizia in mezzo a una generazione incredula e perversa, così definita da Gesù. Quest'uomo si distinse nella massa e vinse, perché osò sfidare se stesso fino al punto di arrendersi. Quando la fede vince se stessi allora vince il mondo...

Il pericolo della finzione

Se da una parte è piacevole vincere dall'altra si scopre quanto *forse* realmente non lo sia. La fede può diventare un problema quando si vive nella rassegnazione. Credere è facile solo quando si rompono le resistenze interne del dubbio, altrimenti è una montagna difficile da scalare. Tramite le circostanze della vita la fede galleggia oppure affonda. Dipende da quanto siamo intenzionati a spingerci oltre. Dio può *fare smisuratamente al di là di quanto chiediamo o pensiamo* (Efesini 3:20) soltanto se riusciamo a crederlo. Non è come guidare un'auto con il cambio automatico che necessita solo l'uso dei piedi per accelerare o frenare. Nel campo della fede bisogna usare le mani per afferrare la Parola di Dio, come per la marcia del cambio e lasciarci guidare lungo il tragitto. A volte saremo in salita, con la marcia bassa, altre volte in pianura con marce più alte.

La fede non è automatismo. La fede si attiva per mezzo della Parola unta e rivelata proprio per ciò che stiamo vivendo. Anche se il *rhema* di Dio, la parola specifica in un momento specifico, non dovesse arrivare per tempo, permettiamo comunque allo Spirito Santo di condurci in ciò che conosciamo della Parola.

In questi anni di fede ho notato la difficoltà di molti amati figli di Dio a credere profondamente. Sembra che la Parola di Dio faccia fatica a scendere dalla mente al cuore. Eppure il tragitto è in discesa! Sembra non ci sia un desiderio ardente da spingerci oltre ciò che vediamo o abbiamo sperimentato finora.

Esiste ciò che definisco la *sindrome della fede incredula*: un complesso di sentori negativi che grava nei cuori di molti credenti (specie in chi ha più anni di fede alle spalle).

Questa *malattia* causa alcuni di questi *sintomi* quando la Parola viene predicata:

- Occhi abbassati
- Sguardi altrove
- Postura irrispettosa
- Sentimenti contraddittori
- Parole opposte

La *fede incredula* è il joystick del diavolo, cioè la barra di comando con cui sposta la Parola di Dio nella zona del disinteresse attraverso la carnalità. Dio non ha smesso di fare miracoli, ma l'uomo ha smesso di credere che Dio sceglie uomini per farli! La *fede incredula* mostra principalmente due aspetti:

- ingratitudine
- conoscenza umana

Coloro che soffrono dei sintomi sopra elencati hanno difficoltà a esprimere gratitudine per ciò che ascoltano. Assumono un atteggiamento riluttante verso chi sta esponendo la Parola di Dio, oppure di indifferenza parziale o totale. L'ingratitudine è associata all'essere pretenziosi e autosufficienti. Ricordi i dieci lebbrosi descritto in Luca al capitolo diciassette? Tutti furono guariti ma soltanto uno tornò da Gesù ringraziandolo per ciò che aveva ricevuto. Una percentuale molto bassa che mostra quanto l'uomo sia irriconoscente. L'ingratitudine è un atto dissociativo, sfacciato, oltraggioso verso la grazia di Dio e chi Lui sceglie. Quando si ascolta la Parola di Dio unta dallo Spirito e posta sulla bocca dei Suoi servi, la cosa più intelligente da fare è ringraziare Dio ricevendola per quella che è: la Sua Parola!

> *Anche per questo non cessiamo di render grazie a Dio perché, avendo ricevuto da noi la parola di Dio, l'avete accolta non come parola di uomini, ma come è veramente, quale parola di Dio, che opera efficacemente in voi che credete"* (1 Tessalonicesi 2:13).

È tutto chiaro, la Parola di Dio opera in chi la crede, in chi è grato e in chi l'accoglie. Cosa aspetti a crederla?

Anche la conoscenza può essere una minaccia se non è accompagnata dall'umiltà. Il sapere dev'essere seguito dall'umiltà nell'ascoltare gli altri per ricevere edificazione per se stessi. Pensare di sapere abbastanza da non badare alle parole altrui è orgoglio. Ascoltare qualcosa che già si conosce non autorizza a non considerarla. Dio può motivarci a riguardare una parte della Scrittura o a valutarla meglio. Se ci chiudiamo, rifiutando l'ascolto saremo pervasi da un senso di incredulità, che condurrà a un atteggiamento riluttante e non ricettivo. Onora chi sta parlando da parte di Dio se vuoi veramente ottenere risultati nella vita.

> *Chi riceve voi, riceve me; e chi riceve me, riceve colui che mi ha mandato* (Matteo 10:40).

Se ricevi chi è stato mandato ricevi il mandante. E chi riceve il mandante, vince!

Ricordi quando l'angelo Gabriele apparve a Zaccaria nel tempio? (vedi Luca 1:11). Zaccaria fu turbato dalle gloriose parole che il messaggero di Dio gli stava comunicando. Non era una promessa, ma l'adempimento di una preghiera durata una vita. Quale fu il problema di Zaccaria? La sua integrità? La sua sapienza? La qualità del suo servizio? No, semplicemente non accolse l'angelo e le sue parole come Parola di Dio!

> *E l'angelo, rispondendo, gli disse: "Io sono Gabriele che sto alla presenza di Dio, e sono stato mandato per parlarti e annunziarti queste buone novelle. Ed ecco, tu sarai muto e non potrai parlare fino al giorno in cui queste cose avverranno, perché non hai creduto alle mie parole che si adempiranno a loro tempo"* (Luca 1:19-20).

Il termine tradotto qui per tempo è la parola greca *kairos* che definisce il tempo secondo il cronometro di Dio. Per nove mesi Zaccaria fu muto perché non credette alle *buone novelle* che l'angelo Gabriele gli riferì.

Ogni volta che non crediamo ai messaggeri da parte di Dio rendiamo muta la nostra fede. Meno crediamo e meno saremo usati da Dio. Meno crediamo e meno riceveremo. Meno crediamo e più sconfitti saremo. Non serve frequentare la chiesa e poi non credere a quanto viene proclamato. La nostra vittoria sarà resa muta, inefficace e senza suoni, come la bocca di Zaccaria. Completamente inutile.

Vinti per vincere

L'apostolo Giovanni scrive nel libro dell'Apocalisse di come gli apparve il Signore Gesù che gli mostrò gli eventi della fine. Nel secondo e terzo capitolo leggiamo che Gesù gli consegnò anche sette messaggi indirizzati a sette chiese (Efeso, Smirne, Pergamo, Tiatiri, Sardi, Filadelfia e Laodicea) ognuno dei quali terminava con una promessa preceduta da un richiamo: *a chi vince*. Un uomo, una chiesa, un popolo o una nazione possono vincere, ma non basta semplicemente sdoganare la parola *vittoria* sulla propria bocca per ottenerla. Vincere implica lottare. Ogni lotta trascina con sé tensione, stress, preparazione e perseveranza.

Queste sette chiese avevano dei problemi e Gesù le invitò ad affrontarli, vincerli e ricevere così una specifica promessa di grazia.

> *Chi ha orecchi, ascolti ciò che lo Spirito dice alle chiese: a chi vince io darò da mangiare dell'albero della vita, che è in mezzo al paradiso di Dio* (Apocalisse 2:7).

Prendiamo come esempio questa scrittura, indirizzata alla chiesa di Efeso. Gesù la incoraggia a vincere tutto ciò che la trattiene dal *mangiare l'albero della vita*. Questa chiesa infatti si stava nutrendo della conoscenza del bene e del male, cioè della carnalità, ed era posta all'angolo della sconfitta. Era una chiesa *caduta*, come Adamo cadde il giorno in cui mangiò il frutto proibito. Efeso stava vivendo la condizione spirituale di Adamo dopo la caduta: si nutriva di cose proibite che la tenevano a terra.

Questa chiesa doveva vincere sé stessa se voleva ritornare a brillare come un tempo. La sua dieta doveva cambiare: era giunto il momento di dire basta all'alimentazione carnale per nutrirsi di cibi spirituali.

Gesù le disse: *"Ravvediti e fa' le opere di prima"* (Apocalisse 2:5).

L'invito del Signore fu di tornare al passato glorioso che questa chiesa vantava, esattamente come Adamo prima della caduta. Gesù la riportò indietro nel tempo, affinché per mezzo del ravvedimento, modificasse il suo presente e futuro. Era giunto il momento di decidere se tornare a vincere oppure restare nella sconfitta. In altre parole, la vittoria per lei consisteva nel tornare a *mangiare la vita!* La vita spirituale si trova nel sangue di Cristo, dunque, doveva tornare alla croce e, come un tempo, guardare quel sacrificio con passione, amore e dedizione. Tornare a innamorarsi di Gesù e a far battere il suo cuore per l'Amato, vivendo per Lui, non solo in Lui. La chiesa di Efeso aveva perso la vittoria. Sì, perché in base alle parole di Gesù la vittoria non è scontata. Anche Lui ha dovuto lottare contro il regno delle tenebre e ha vinto con la Sua morte e resurrezione. Questo significa che credere e ubbidire sono indispensabili per vincere. Gesù ha vinto per noi, è vero, ma dobbiamo vincere noi stessi se vogliamo che questa Sua vittoria si riversi sulle nostre dinamiche esistenziali.

L'apostolo Giovanni aveva già scritto nella sua prima epistola quanto segue:

> *"Poiché tutto quello che è nato da Dio vince il mondo; e questa è la vittoria che ha vinto il mondo: la nostra fede"* (1 Giovanni 5:4).

Fede e vittoria camminano insieme; anzi se vogliamo essere più precisi la fede precede la vittoria. È la fede che vince il mondo, interiore ed esteriore. Ogni persona ha dentro di sé un pianeta, un mondo, un universo. Il contesto da cui si proviene, l'educazione ricevuta, l'istruzione e le esperienze vissute plasmano la nostra vita costruendone l'identità. Si acquisisce tutto e di più nella vita, eccetto la fede. Essa, come già detto, nasce da Dio e dalla Sua Parola; solo quando viene creduta permette di vincere.

Molte volte Gesù, prima di operare un miracolo su qualcuno, generava un miracolo dentro il suo cuore. Usò espressioni del tipo *"credi tu questo?"*, *"ti sia fatto come credi"*, *"va, la tua fede ti ha salvato, o guarito"*, per permettere ai Suoi interlocutori di vincere se stessi prima di poter vincere il mondo circostante. La fede prima si occupa di noi e poi della realtà attorno a noi. Questo è un principio basilare molto potente. Se credo, vinco me stesso e se vinco me stesso ho fede per vincere il mondo...

I miracoli, ad esempio, incoraggiano di volta in volta. Chiunque voglia essere usato in quest'area più vince la sua incredulità, più il potere soprannaturale di Dio scorre attraverso il suo ministero. A volte può capitare di affrontare personalmente una malattia, e soltanto dopo l'avvenuta guarigione si diventa un *mezzo* per aiutare altri a ottenere la loro. Vincendo noi stessi riusciremo a vincere il mondo! Il contrario risulta improbabile...

Un giorno un uomo portò suo figlio, un fanciullo affetto da una grave forma di epilessia, dai discepoli per poterlo esorcizzare. Purtroppo nessuno di loro riuscì a scacciare il demone. Nel frattempo giunse Gesù che *domandò al padre di lui: "Da quanto tempo gli accade questo?". Ed egli disse: "Dalla sua fanciullezza. E spesso lo ha gettato nel fuoco e nell'acqua per distruggerlo ma, se tu puoi qualcosa, abbi pietà di noi e aiutaci". E Gesù gli disse: "Se tu puoi credere, ogni cosa è possibile a chi crede". Subito il padre del fanciullo, gridando con lacrime, disse: "Io credo Signore, sovvieni alla mia incredulità"* (Marco 9:22-24).

Come sempre Gesù colpì il bersaglio. L'espressione *"io credo Signore, sovvieni alla mia incredulità"* non mostra forse il fatto che quest'uomo doveva vincere una resistenza interiore? In altre parole, credeva nel potere di Dio ma non per sé stesso! È il problema che affrontiamo anche noi oggi, diciamo di credere senza credere realmente...

La bocca non è sempre allineata col cuore, bisogna prima permettere allo Spirito Santo di cambiarci dentro e soltanto dopo potremo cambiare la realtà esterna.

Vinti da Dio per vincere il mondo, questo è il segreto che ci consente di essere lungimiranti nella vita spirituale. La fede di quest'uomo doveva essere affilata dalla Parola di Cristo. È così fu! Hai presente la potatura che si esegue sulle piante? I ramoscelli di incredulità devono essere continuamente potati alfine di portare frutto, sempre più abbondante. Quest'uomo *gridò con lacrime*, chiedendo a Gesù di aiutarlo a credere. Anche noi dovremmo piangere per tutte le volte in cui non abbiamo creduto.

Piangere per la nostra incredulità non è così traumatico se pensiamo ai benefici che ne derivano. Estirparla come un'erbaccia intorno al tronco della fede consente di attivare il potere di Dio in nostro favore e vincere come accadde a quel padre. Il fanciullo infatti fu liberato, guarito e consegnato nelle braccia del suo papà ormai cambiato da una fede rinnovata. Quel grido con lacrime lo trasformò in un uomo di fede, in grado di parlare di Dio non solo con la ragione, ma soprattutto con il cuore. Quando vinciamo noi stessi sarà il nostro essere interiore a parlare. La fede che vince il mondo è quella che grida in noi: "Signore sovvieni alla mia incredulità!"

Questa è una fede che trascende la realtà. Una fede convinta, rafforzata dalla verità, che rompe ogni resistenza interna ed esterna, ed è pronta ad entrare nella dimensione della vittoria. Questa è la fede che alza il peso delle circostanze, la stessa che operò in Abrahamo ormai anziano e in Sara nonostante la sterilità. Una fede che affronta l'impossibile come qualcosa di fattibile. Una fede che non si rassegna, che affronta, combatte e crede nel potere di Dio. Questa è la fede che ha permesso a uomini e donne di Dio di operare segni, prodigi e miracoli nel corso della storia. Una fede affamata del potere di Dio, che si nutre della Parola, proclamandola con forza. Una fede sana, vera, che ha il profumo della sofferenza di credere oltre ogni evidenza. Una fede in costante crescita, valorosa e dignitosa. Questa è una fede virtuosa, dura come il diamante e preziosa come l'oro. Una fede forte. Una fede solida. Una fede che come un eroe in battaglia grida vittoria!

Una promessa di vittoria

> *...Giovani, vi ho scritto perché siete forti e la parola di Dio dimora in voi, e perché avete vinto il maligno* (1 Giovanni 2:14).

In questo verso l'anziano apostolo Giovanni si lascia ispirare da Dio per incoraggiare come un padre la Sua chiesa e in particolare i giovani. *Forza, parola* e *vittoria* sono un tris promesso dal Signore in grado di farci affrontare ogni gigante della vita. Credo che Giovanni, ripensando al passato, descrisse se stesso nel giorno in cui incontrò il Signore Gesù sul mare di Tiberiade. Era il più giovane del gruppo, non il più debole! Giovanni dimostrò la sua forza d'animo e benché fosse il più giovane, Gesù lo portò insieme a Pietro e Giacomo, più anziani di lui, a vivere esperienze solitarie e gloriose. I giovani non possiedono solo forza fisica, hanno anche quella forza di spirito che li porta a seguire il Maestro. Se cadono, sapranno rialzarsi. Se dubitano, torneranno a credere. Se si smarriscono, troveranno la strada di casa. I giovani sono forti come leoni, Dio è con loro come lo fu con Davide, Salomone, Daniele e suoi tre amici. Come possiamo ignorare il coraggio di questi ultimi? Davanti al problema non indietreggiarono. Erano forti e ripieni della Parola di Dio, perciò vinsero. A volte è difficile pensare che i giovani possano rinunciare alle accattivanti offerte di questo mondo. Eppure questi ragazzi dimostrarono fin da subito la ferrea volontà di non contaminarsi con i cibi del re. Leggiamo:

Ma Daniele decise in cuor suo di non contaminarsi con i cibi squisiti del re e con il vino che egli stesso beveva; e chiese al capo degli eunuchi di concedergli di non contaminarsi (Daniele 1:8).

Soli, giovani e in terra straniera, dimostrarono una grande forza morale nel decidere di non contaminarsi. Il risultato? Divennero dieci volte migliori dei coetanei che avevano mangiato i cibi squisiti del re.

Per dieci giorni Daniele e i suoi amici chiesero di essere nutriti di legumi e dissetati di acqua. I legumi sono semi e rappresentano la Parola di Dio; l'acqua invece è figura dello Spirito Santo.

La forza della consacrazione è alimentata sia dal seme della Parola che dall'acqua dello Spirito. L'attitudine di questo quartetto li portò a vincere la sfida:

Al termine dei dieci giorni il loro aspetto appariva più bello e avevano una carnagione più piena di tutti i giovani che avevano mangiato i cibi squisiti del re (Daniele 1:15).

Dio avrà una gioventù forte, consacrata e vittoriosa. I giovani non sono deboli e non tutti sono immaturi. Hanno vinto il maligno con la Parola di Dio nel cuore. Voglio sottolinearlo: hanno vinto il maligno! Se sei un padre o una madre cambia il modo in cui vedi i tuoi figli e accordati con la verità della Parola di Dio che li definisce già vittoriosi in Cristo Gesù. Se invece sei giovane, allora vediti come ti vede Dio. Sei forte. Hai la Parola di Dio che dimora in te. Hai vinto il maligno!

Credo in una gioventù profetica, ripiena di fede e di Spirito Santo, in grado di operare per conto di Dio. Una gioventù controcorrente, impavida e passionale, disposta a offrire la propria vita per la causa del Vangelo. Una gioventù come il re Giosia capace di portare un cambiamento nel suo tempo. All'età di otto anni fu incoronato re (2 Re 23), un ragazzino che sedeva sul trono e esercitava autorità. Dio sta chiamando una generazione giovane che siederà sul trono acquistato per loro da Cristo, per esercitare autorità. Questa è la generazione che verrà prima della distruzione di Gerusalemme, esattamente come Giosia, l'ultimo re giusto prima della cattività babilonese.

Dio si servirà dei giovani. Li sta chiamando, equipaggiando e appartando per il Suo proposito. Sarà una generazione che camminerà con il cambiamento sulla bocca perché lo possiede nel cuore. Una generazione che risplenderà come luce nelle tenebre. Una generazione che cercherà Dio con tutto il cuore, come fece Giosia.

Questo giovane re purificò il Paese dagli altari eretti alle divinità pagane, fece bruciare su di essi le ossa dei sacerdoti corrotti, e dopo il ritrovamento del libro della legge, ne mise in pratica il contenuto. Pianse, pregò e ottenne l'esaudimento divino. Credo che la Parola di Dio sarà nuovamente ritrovata da questa generazione, che l'ascolterà e ne otterrà il compimento.

Una generazione consacrata e forte avrà la legge divina scritta nel cuore e vincerà il maligno. Giosia è la figura di una generazione riformata, incentivata non tanto dai suoi predecessori, ma direttamente dallo Spirito Santo. Essa sarà composta da una folla di servi e serve su cui sarà sparso lo Spirito di santità. Questa è la generazione dei vincitori, di coloro che per fede compiranno la volontà di Dio nel loro tempo. La generazione di Giosia sarà unica, inimitabile e senza eguali. Sarà una generazione di impatto, una generazione vittoriosa.

La vita di Giosia ci insegna tre cose importanti:

1. il desiderio
2. il timore
3. il valore

Figlio di un re malvagio di nome Amon, questo fanciullo desiderò in cuor suo di non seguire le orme paterne. Fu addestrato dallo Spirito di Dio a essere integro e scelse di comportarsi in modo diverso dai suoi predecessori, cercando l'approvazione divina.

Appena fu trovato il libro della Legge, Giosia, leggendo quanto vi era scritto, pianse provando dolore, e grande timore e rispetto scesero nel suo cuore.

Egli diede valore a ciò che era scritto nella Legge. Infatti purificò il Paese distruggendo gli idoli principali, dando così importanza agli ordini divini. Grazie a lui il popolo non visse la deportazione ormai decretata anche per Giuda. Giosia rappresenta quella generazione che trattiene il ritorno di Cristo prima del Suo giudizio. Essa reclama il tempo necessario per proclamare il valore della croce, il valore della salvezza e il valore di sottrarsi all'eterna deportazione. Questa è la generazione che metterà Dio al primo posto in modo che la vittoria giungerà al tempo opportuno. È la generazione fedele e fiduciosa nel suo Dio.

> *Prima di lui non ci fu alcun re che, come lui, sia ritornato all'Eterno con tutto il suo cuore, con tutta la sua anima e con tutta la sua forza, secondo tutta la legge di Mosè; neppure dopo di lui è sorto alcuno come lui* (2 Re 23:25).

È tempo di vincere, vincere sé stessi. Vincere con Dio. Vincere per Dio.

Esortazione finale

Siamo giunti alla fine di questo breve viaggio nel mondo della fede. Abbiamo compreso che la fede è un argomento che attira l'attenzione di ogni credente. Parlare di fede significa riferirsi alla certezza, o alla sostanza, di ciò che si spera, alla dimostrazione delle realtà invisibili che diventano visibili (vedere Ebrei 11:1). Credere quando nel naturale non esiste nulla, altrimenti sarebbe evidenza e non fede.

La fede opera in opposizione alle paure degli esseri umani. Siamo bombardati costantemente da dubbi. Alcuni li combattono, altri li fanno accomodare nel salotto della loro mente. Penso che il dubbio sia un *gabaonita*: si intrufola nell'accampamento del nostro cuore per stringere un patto di protezione. Dio ci chiede di non fare alleanza con nessun popolo straniero... e il dubbio difatti lo è.

La fede è un argomento estremamente importante, ma anche entusiasmante. Siamo affascinati quando Dio opera con potenza, quando è attirato dalla fede che scorge nei cuori dei semplici. Nonostante la *fede in Dio* produca segni, miracoli e cose impossibili all'uomo, la cosa notevole è che rimane accessibile a tutti. Il punto forte della fede risiede nel fatto che essa non è necessariamente per coloro che occupano posizioni di rilievo all'interno della chiesa o della società. Tutt'altro, la natura della fede è la semplicità e per i semplici *credere* è la cosa più facile del mondo. Nella Bibbia troviamo molti esempi di uomini e donne che hanno sperimentato esaudimento grazie alla fede. Senza istruzione, denaro o teologia, queste persone possono essere definite come *maestri* e *maestre* della fede, per il modo in cui si sono approcciati al Signore nonostante i problemi.

La fede, infatti, opera con lo spirito, piuttosto che con la mente. Chi realmente crede decide di vedere con gli occhi invisibili dello spirito, nonostante la vista naturale non neghi la realtà che ancora non cambia.

Credere è per tutti, questo desidero sottolinearlo. Un bambino, un adulto, un anziano, tutti possono avere quel granello di fede in grado di cambiare la propria esistenza. La fede è come la testimonianza del credente: specifica, personale e autentica.

Non dobbiamo perdere la speranza se qualche volta non abbiamo visto la realizzazione di ciò che aspettavamo. Continuiamo a credere. Continuiamo ad avere fede. Continuiamo ad allineare le nostre parole con la Parola di Dio.

Non lasciamo andare la fede iniziale, quella che ci spingeva a parlare di Gesù, della salvezza, dei miracoli e delle risposte ricevute nel passato. È giunto il momento di lucidare la nostra fede, di cercarla, afferrarla e purificarla da ogni scoria di incredulità. La nostra fede deve brillare come faceva un tempo!

Ecco perché dobbiamo continuare a credere nei miracoli, decidere con coraggio di *compierli* con Gesù e testimoniare dando la gloria a Dio.

Siamo sinceri: il desiderio di vedere un mondo migliore è un'utopia, il bene si sta dileguando e l'orizzonte del nostro futuro si restringe a poco a poco; così, mentre chiudiamo un occhio alla realtà circostante (per non esserne travolti), l'altro lo apriamo per vedere la mano di Dio che si avvicina e afferra le nostre vite. E tutta la gloria sarà per Lui!

Allora caro amico, cara amica, che aspetti? È tempo di credere, quindi di vincere!

Dio ti benedica!

> *Allora egli toccò loro gli occhi, dicendo: "Vi sia fatto secondo la vostra fede"* (Matteo 9:29).

Una preghiera di guarigione per te

Padre, nel nome di Gesù, vengo a te per conto del mio fratello e della mia sorella e dichiaro guarigione e liberazione in ogni area della loro vita: spirito, anima e corpo. Per la fede, nel tuo Nome, dichiariamo che ogni malattia e infermità lasci il corpo, e che ogni tormento lasci la mente. Lo crediamo e lo proclamiamo con autorità e fede nel potente nome di Gesù Cristo. Amen.

Citazioni sulla fede
di Giuseppe Lombardo

La F.E.D.E. è Fiducia Estrema in un Dio Eterno.

La fede più che io credo, *dice* Dio può.

Non serve una fede quanto un albero per far cadere a terra il frutto. Serve piuttosto una fede quanto un frutto per mantenere un albero sempre in piedi.

La fede ti costringe *a credere alla verità nel momento in cui la realtà contraria sembra essere più potente.*

La fede vede Dio arrivare quando tutti pensano sia andato via.

La fede crede in ciò che Dio dice e dice ciò che Dio farà.

La fede incolla il tuo cuore al timore
della Sua Parola.

La fede apre; apre opportunità in mezzo
ai tetti *alti degli impedimenti.*

La fede non dice: Devo? *La fede dice:* Io posso!

La fede vede la luce in fondo al tunnel e non
le condizioni del tunnel mentre sei nel buio.

Vivere per fede significa camminare scalzi,
scegliendo di non indossare i sandali della sicurezza.

La fede crede di vedere e vede ciò che crede.

La fede urla contro la paura con il silenzio.

La fede non crede *di credere.*
La fede crede... tutto qui.

La fede è un morso santo: *permette alla Parola*
di sbranare le circostanze!

La fede non calcola, perché non sa fare i conti.
È brava a raccontare i fatti.

La fede si fida di Dio quando Lui parla.
In questo caso è certezza, non azzardo.

La fede fa riposare restando svegli.

Fede è credere che Dio può *nella circostanza sfavorevole. In quella favorevole non è più fede, diventa condivisione.*

Quando la fede vede il gigante con gli occhi di Dio, commenta: troppo piccolo per Lui!

La fede dubita del dubbio.

ALTRI LIBRI DELLO STESSO AUTORE

- *Il viaggio nel deserto*
- *La potenza dell'ora nona*
- *Contatto con lo Spirito Santo*
- *Vittoria nelle prove*

www.ingramcontent.com/pod-product-compliance
Lightning Source LLC
LaVergne TN
LVHW050317160826
845677LV00014B/3450